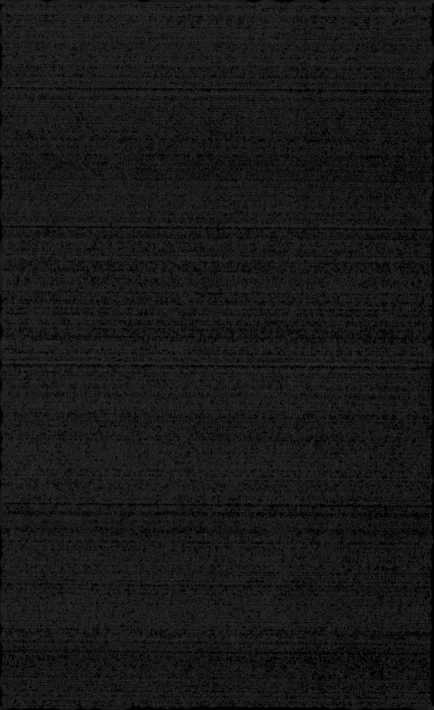

四ツ山《よつやま》鬼談《きだん》

嗣人《つぐひと》

竹書房

四ツ山鬼談

※本書は体験者および関係者に実際に取材した内容をもとに書き綴られた怪談集です。体験者の記憶と主観のもとに再現されたものであり、掲載するすべてを事実と認定するものではございません。あらかじめご了承ください。

※本書に登場する人物名は、様々な事情を考慮してすべて仮名にしてあります。また、作中に登場する体験者の記憶と体験当時の世相を鑑み、極力当時の様相を再現するよう心がけています。今日の見地においては若干耳慣れない言葉・表記が記載される場合がございますが、これらは差別・侮蔑を助長する意図に基づくものではございません。

まえがき

御船千鶴子という女性がいた。

明治十九年に生まれ。千里眼と呼ばれる超能力で名を馳せた霊能力者であり、当時その力を持って世間を騒がせた女性である。彼女の力の真偽については、ここでは触れない。

彼女は伝説的なホラー作品である『リング』に登場する山村貞子の母親のモデルだという。

そんな彼女にまつわる話が、私の故郷にあった。

熊本県荒尾市。

炭鉱と競馬場と干潟の町。

ここへ彼女が来たという。炭鉱の持ち主である三井財閥から依頼を受けて、四ツ山という小高い山へ登り、千里眼を用いて海の底にある石炭の層（万田坑）を発見した。御礼に二万円（今の価値で二千万円以上）を貰ったという話を、まだ子どもの頃に友人と共に聞いたことがあった。

執筆にあたり、この話の出典を可能な限り調べてみたが、これはあくまで噂の域を出なかった。しかし、地元ではそれなりに広く知られた話のようで、似たような話が隣町の大牟田市にも残っていた。大牟田の山から霊視したのだという話もあるが、こちらもやはり俗説の域を出ない。

この御船千鶴子が見つけたとされる石炭層は有明海の底にあった。三池炭鉱は増し続ける石炭の需要に応える為、新たな石炭層を探していた。

千鶴子は熊本県の宇土市の人であったという。物静かで優しい女性だったそうだが、超能力の真偽を巡る騒動の渦中に置かれてどんな心持ちだったろうか。

彼女の父親は強欲な人間で、娘の力が金になると知ると、どんな仕事でもさせようとしたという。厳しい世間の目と、父親との軋轢に耐えかねた彼女は自ら服毒自殺をして、その短い人生を終えた。

彼女の千里眼は、物体を見透かし、過去を見ることさえ出来たという。

もし彼女が本当に炭鉱を霊視したのなら、一体なにを見たのだろうか。

彼女は『海の底に真っ黒い何かが視えます。でも、それが何かは私には分かりません』と言ったとされる。

彼女の視たソレは、本当に石炭だったのだろうか。

或いは、違うものを視たのではないか。
それは地の底のヤマに蠢く、怨念ではなかったか。
常人には視ることのできない闇があったのではないか、と私は思わずにはおれない。

これは、鬼の噺である。

目次

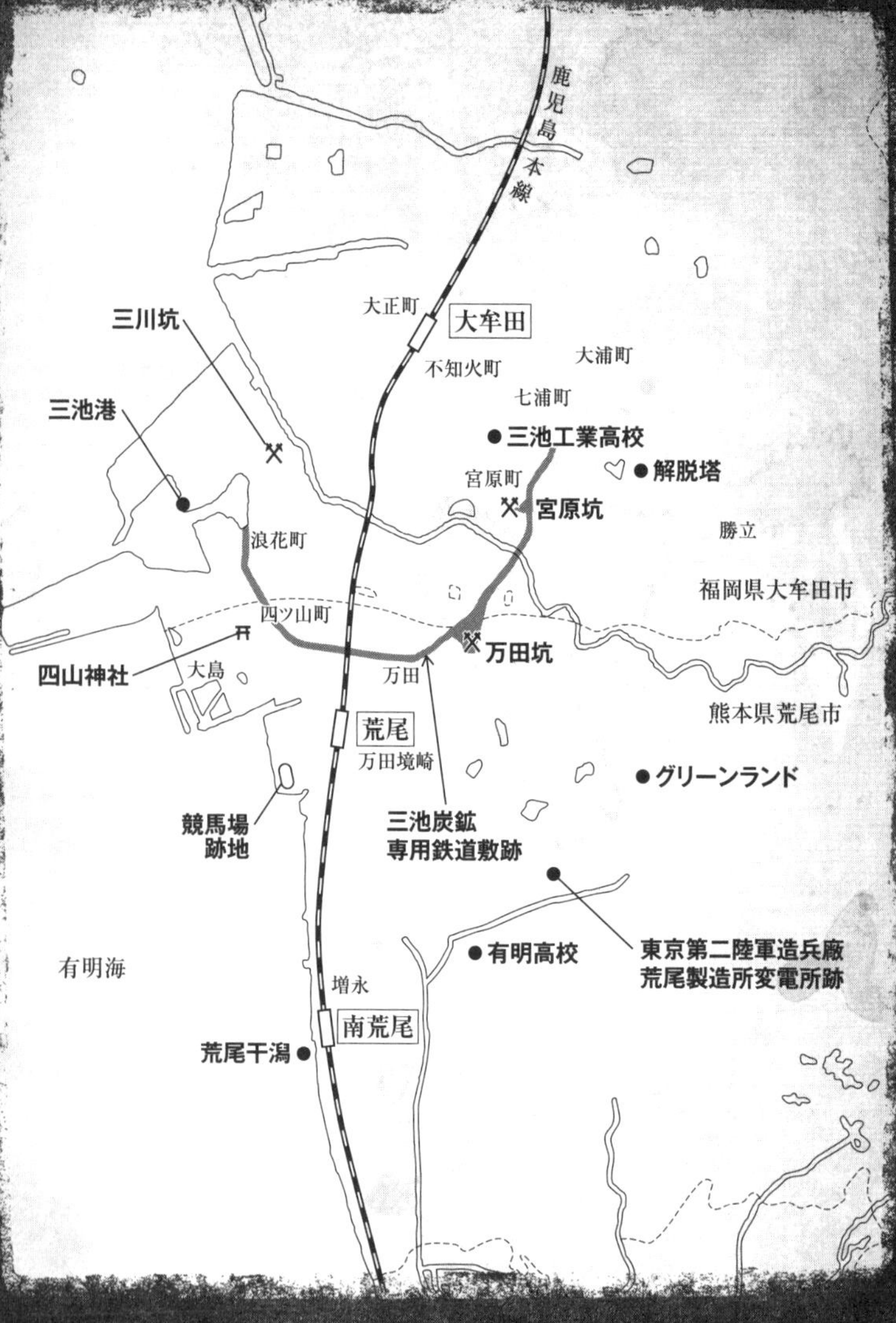
鹿児島本線
大正町
大牟田
不知火町
大浦町
七浦町
三川坑
三池港
● 三池工業高校
宮原町
● 解脱塔
宮原坑
勝立
浪花町
福岡県大牟田市
四ツ山町
万田坑
四山神社
大島
万田
熊本県荒尾市
荒尾
万田境崎
● グリーンランド
競馬場
跡地
三池炭鉱
専用鉄道敷跡
● 有明高校
東京第二陸軍造兵廠
荒尾製造所変電所跡
有明海
増永
南荒尾
荒尾干潟 ●

仮に、葉山さんとしておく。

◆

囁く家

依頼を受けて赴いた家の主は、松川さんと言う。

酷く背の曲がった老人で、不知火《しらぬい》町の古い屋敷に住んでいた。

通された仏間の床の間には、掛け軸ではなく一輪挿しに瑞々しい桔梗の花が活けられている。

上座に座る松川さんの年齢は九十をゆうに越えているだろう。深い皺の刻まれた顔、その奥で鋭く光る眼に射すくめられたように、私は彼が話し出すのを待った。

けたたましく鳴く蝉の声が、白く眩い庭に響いていた。

「漆喰を塗り直せ」

しわがれた声だった。枯木の中の空洞を風が吹いたような、虚な音だ。

「鍵は渡さんぞ。左官は外壁を塗るだけでええ」

痰が喉にかかった声で松川さんは喘ぐように呼吸を繰り返す。大丈夫ですか、と声をかけるのも憚られた。獣のように唸りながら、老人が卓の上に置いたそれは小さな白磁の骨壺のように見えた。

「これを、土に混ぜろ」

手に取って蓋を外して中身を確かめると、白い灰が壺の半分ほど納められていた。どうやら人骨ではないようだが、なんの灰なのか、皆目見当がつかない。

「下地に混ぜろということですか」

「そうだ。灰が足りなくなったなら、ここへ取りに来い」

用意させておく、と苦しげに呻く老人の顔は険しい。それ以上は説明するつもりはない、と言うような態度だった。

「分かりました」

壺を手に立ち上がり、仏間を後にしようとした私に松川さんが「待て」と声をかけた。

「何があろうと、家の中へ入ってはならん」

鍵も預かっていないのに、強引に中へ入ると思われるのは心外だ。そんな空き巣紛いのことなどしない。

抗議の意味を込めて、会釈だけして部屋を後にする。

気の進まない現場だった。亡くなった親方宛の仕事でなければ、引き受けることはなかっただろう。

屋敷を出て表へ停めた軽トラックに乗り込み、現場の場所を確かめる。隣町の荒尾市だが、一応は県を跨ぐ仕事だ。

首にかけた手拭いで額の汗を拭きながら、車のエンジンをかける。

目的地は荒尾市万田。仕事の内容は外壁の漆喰の塗り直し。それだけなら特に珍しくもない左官仕事だ。

発進しながら、助手席の足元に転がした壺へ目をやる。掌ほどしかない白磁の壺。それを見ていると言いようのない気持ちになった。

季節は七月。本格的な夏がすぐそこまで迫っていた。

万田の現場は、三井三池炭鉱の万田坑から程近い場所にあった。古い民家の奥、少しばかり入り組んでいて見つけるのに苦労した。

木造の平家造り、入母屋屋根の相当に古い家だ。外壁の黒漆喰はあちこちひび割れ、下地どころか中の荒縄が露出してしまっている部分もある。ぐるり、と家の周りを見て回ると、家そのものに傷みがきていた。人の住まない家は傷むのが早い。屋根の修繕も必要なようだが、それは私の仕事ではない。

念の為、玄関の呼び鈴を押してみたが、なんの反応もなかった。表札はなく、誰も住んでいないのは間違いないようで、この家にはエアコンの室外機が一台も見つからない。

庭の雑草が伸び放題になっていたので、まずは作業がしやすいようにそれらを刈り取っていく。刈り取ったそれらは集めて袋に詰めて荷台へと載せた。

結局、初日は草刈りに費やして終わった。

冬は日没前に、夏は午後七時には仕事を終えることに決めている。

道具をまとめて万田を出る頃には、空がうっすらと茜色に染まり始めていた。

◆

二日目。

傷みの酷い箇所は下地からやり直す必要があるので、まずは表面の漆喰と下地を剥いでいく。依頼主である松川さんの言う通りに土捏ねの段階で、預かった壺の灰を混ぜる。白の混じった灰色が土に混ざっていくのを眺めていると、不意に人の声が聞こえたような気がした。

顔を上げると、家の中から誰かの話し声が聞こえてくる。

誰もいない筈だ。今朝は六時よりも前に現場に入ったが、誰もやってこなかった。

シャワシャワシャワシャワ。

土を捏ねる手が止まる。蝉の鳴き声が妙に大きく響いていた。

耳を澄ましているからか。声の輪郭が次第にくっきりとしていくようだった。

女だ。

それも若い女の囁き声が、家の中から聞こえてくる。

そっと近づいて、壁に耳をつけると漆喰のひんやりとした感触が頬に触れた。

壁一枚隔てた向こう側に、若い女がいる。そう思うと胸の奥底にどろりとした鉛のような感情が垂れて落ちていくのを感じた。

喘ぐような声がする。囁いているのは、誰かの名前だろうか。

もっと聞きたい、とひび割れた漆喰に爪を立てると、脆くも剥がれ落ちた。女の囁き声が大きくなり、艶かしい声が壁の向こうで密着しているようだった。

——不意に、胸ポケットの携帯電話が震えた。妻からのメールが入っている。ハッとなって壁から身を離すと、暑さが戻ってきたようにどっと汗が噴き出した。

壁がボロボロに砕けて、剥ぎ取られているのを目にして動揺した。

玄関へ周り、呼び鈴を押すが、返答はない。硝子戸にはしっかりと鍵がかけられている。家中の窓を確かめたが、やはり中から鍵がかけられていて微動だにしない。

呆然と車の元へ戻り、水筒の麦茶をがぶりと飲んだ。残りを頭からかけて暑気を払う。

気を取り直して鏝に土を取り、下地を塗り整えていく。荒縄が見えている部分から補修し、黙々と作業を進めていった。

時折、中から聞こえてくる囁き声にゾッとしながらも、懸命に作業を続ける。手足を動かすほどに女の声が遠退いていくようだった。

夕方を迎える頃には、どうにか下地を作り終えることができた。

囁き声はもう聞こえなくなっていた。

◆

三日目に下地を終えた。

四日目は乾燥に費やした。

五日目に乾いた下地の上へ、まずは白漆喰を塗っていく。迅速で丁寧な仕事が求められる、左官としての腕がものを言う作業だ。鏝のへりや先端を使い、適度な粘度を持つ漆喰を下地へと薄く塗りつけていった。

人数がいればどうということはないが、この現場は私一人でやるように申しつけられている。もとより一人親方でやっている左官業だ。おまけに納期が厳しいので休んでいられる余裕もない。

丸一日かけて、ようやく全ての壁に漆喰を塗り終えた。黒漆喰で仕上げるのは明日になるだろう。

「ああ、くたびれた」

もう間もなく陽が沈む。東の空が濃い藍色に染まり、西の空が薄明となっていく。

荷台へと仕事道具を持ち運んでいた私が不意に目にしたのは、開け放たれた玄関だった。急に周囲から音が消えていく。潮が引いたように夏の暑さが失せて、陰とした空気が玄関から漂う。

鍵がかかっていた筈だ。作業中に誰か来たのか。

思い当たるのは依頼人の松川さんくらいのものだが、敷地に止まっているのは私の軽トラックだけだ。

格子の入った硝子戸の向こう、薄暗く奥へと延びた廊下が、まるで人間の咽喉のように見えるのは何故だろうか。

「松川さん、いらっしゃっているんですか」

屋敷の闇へ声をかけると、誰かがさっと廊下を横切ったのが見えた。ほんの一瞬だったが、白い足は女のそれのようだった。

くすくす、と息を潜めて笑う声は、あの囁き声の主だ。

廊下の奥、柱の影から白い裸体が半分だけ現れる。闇に浮かび上がるような、白く艶かしい体。赤い着物を肩から羽織った女の目元だけが黒い髪に隠れて見えなかった。つん、と血色のいい乳首を見て思わず生唾を飲み込む。

口元に薄い笑みを浮かべた若い女が、こちらに向かって手招きをしている。じん、と頭の奥が甘く痺れた。ほとんど無意識のうちに玄関へ足を踏み入れようとして、不意に松川さんの言葉が脳裏を過ぎる。

『何があろうと、家の中へ入ってはならん』

冷水をかけられたように頭が冴えるのを感じた。爪先が敷居を跨ぐ寸前で止まる。

顔を上げると、柱の影に立つ女が口元を歪めるのが見えた。透けるような女の肌がみるみるくすんでいき、紫色のぶよぶよとした物へと変貌していく。ちぢれた黒髪が、毒虫の脚のように蠢いていた。

女の光を宿さない黒々とした瞳が私を見ている。

その目は怒りに満ちていたように思う。

◆

六日目。

鈍い鼠色の空を眺めながら、私は大牟田市の不知火町へやって来ていた。今日は土曜日、普段なら休日だが、とても休む気にはなれなかった。

昨日、どうやって家に帰ったのか、ほとんど何も覚えていない。軽トラックに飛び乗って、とにかく一秒でも早く家へ帰りたくて車を飛ばした。家の中にある酒という酒を浴びるほど飲んで、すぐに意識を失った。朝方、自分の吐瀉物に塗れて起きた時には気落ちしたが、おかげで夢も見ずに済んだ。

松川さんの屋敷へ着くと、前回も取り次いでくれた中年の女性が応対に出た。

「ごめんください。松川さんはご在宅でしょうか」

「はい。もう起きていらっしゃいますから、暫しお待ちくださいね」

「あの」

「はい」

「失礼ですが、松川さんのお嬢さんですか」

「いえ。私はお手伝いの為に通わせて貰っています。家政婦のようなものです」

「ご家族とは同居なさっていないのですね」

「ご主人様にご家族はいませんよ。奥様とは半世紀も前に死別して、子供もいらっしゃいませんから」

「そうでしたか」

沓脱を上がって客間へと通される。屋敷の裏手、西鉄大牟田線を走る特急列車の音が、部屋の中を微かに揺らした。

暫くして襖が開き、杖をついた松川さんが厳しい顔で現れた。不機嫌極まるという表情でこちらを睨みつけてくるが、構わずに老いた男を睨み返す。お手伝いの女性に肩を借りながら、客間の端にある椅子へと腰かけた。老人は痰のからんだ咳をして、顔をしかめる。

「今日のような日は膝が痛んでかなわん」

唸るようにそう言うと、彼女へ下がるよう促した。

「もう長いこと身の回りのことをしてくれている。差し出がましいこともなく、細かい所に気を配る。ああいう女は重宝する。あれで器量が良ければ文句はないが、若い女は増長していかん」

初めて顔を合わせた日に比べて、随分と口数が多い気がした。

「松川さん。単刀直入に聞かせて頂きますが、あの家はなんですか」

私の質問を予め予想していたのだろう。特に驚いた様子もなく、口元を固く引き結んだまま静かにこちらを見据えている。

「女の囁き声でも聞こえたか」

やはり、という思いがした。松川さんはあの女のことを知っている。

「そうです。姿も見ました。酷く恐ろしかった」

あの身体は腐敗していたのではないか、と思う。

「屋敷の中には入らなかったようだな」

「足を踏み入れる寸前でした。思い留まることが出来たのは運が良かったからです」

「忠告を思い出したのだろう。不真面目な人間であれば、そんなことなど忘れて軽々に上がり込みおる。今までそんな人間を何人も見てきた。そうなればどうにもならん。祟り殺される」

「祟り？」

「座敷の中で、心の臓が止まる」

松川さんは苦しげにそう言って、激しく咳き込んだ。痰の絡んだ咳は大きく、その拍子に朽ちかけた身体が折れてしまいそうだった。

「……あの女は誰ですか」

ハンカチで口元を拭いながら、老人は自嘲するような笑みを浮かべた。

「妾宅だというが、本当のところは私にも分からない。一部の男たちが金を出し合って買った女を囲っていたという話や、三井の幹部が現地妻を棲まわせていたという話もあったが、私が管理を任される頃には事情を知る人間は誰も残っていなかった。ただ、あの家には怨霊が取り憑いていて、それを閉じ込める為に、今も手入れを続けているのは確かだ」

「どうして家の手入れが、女を閉じ込めることに繋がるんです」

「灰をやったろう。あれは護符を焼いて灰にしたものだ」

懐から煙草を取り出して口に咥えたが、火を点けようとはしなかった。背もたれに背中を預けて、呻くように息を吐いた。

「女の声ですか」

「綺麗な声だとは思わないか」

「最後に聞いたのは、今から半世紀も前のことだ。あの甘えるような声が男心をくすぐるのだ。どうしようもなく心を騒ぎ立てる女というのが、たまにいる」

いい女だった、としわがれた声で溢す。

「会ったことがあるのですね」

「何度か。ただ、それだけだ。忌々しいほど、他のことは知らん」

「そうですか。松川さん、一度引き受けた仕事ですから、終いまでやりますが、最後の立ち合いはしません。明日、陽のある内に終わらせて貰います」

「構わんよ。仕事さえこなせば、文句はない」

私が一礼してから座敷を後にしようとすると、松川さんが初めて私の名前を呼んだ。

「私が死んだなら、あの家をくれてやってもいい」

窓の外を眺めながら、こちらを一瞥もせずに一方的に言いつける。きっとこの老人はこれまでの人生をそうして生きてきたのだろう。目の前に餌をぶら下げて、それに食いついた人間を利用してきたに違いなかった。

私は沈黙で答えて、障子を固く閉ざした。

廊下で家政婦の方がやってきたので、彼女にはしっかりと礼を言ってから屋敷を後にする。

咽せ返るような暑さと蝉の鳴き声が、急に戻ってきたようだった。

不知火町は三井三池鉱山の管理職の人間が住む街だったと聞いたことがある。四ツ山社宅や宮内社宅のように炭鉱労働者の家は木塀で囲っていたが、本社の人間の家は煉瓦の塀で覆ったのだという。

昼食を簡単に済ませて現場へ向かうと、玄関の扉はしっかりと閉まっていた。

焦げつくような陽射しを背中に浴びながら、黒漆喰を丁寧に塗り進めていく。黒漆喰は白漆喰に墨や松煙を混ぜて作る。佐官工法の中でも非常に難しく、左官の腕が問われる仕事だ。

誰も住むことのない家だが、自分の仕事には決して手を抜かない。例え、それが死霊憑きの家であっても私の仕事は変わらない。

微に入り細を穿つ、とは師匠の教えだが、細かい所にこそ気を配る。

ようやく塗り終えた頃には、すっかり陽が沈みかけていた。

そういえば今日は女の囁き声が聞こえなかったように思う。

荷物を片付けてから家へ帰ろうとして、昼間の松川さんの話が脳裏を過ぎる。

そっと手を合わせて、黙祷を捧げた。お経の一つでも唱えてやれたなら供養になるのだろうか。己の家の菩提寺にさえ、ほとんど足を運んだことがなかったことを悔いた。

顔を上げてから一礼して家路に着く。

いつもよりも、心なしか気持ちが軽いように感じられた。

◆

七日目。

黒漆喰は乾燥すると汗をかく。これを丁寧に拭き取っていかなければ色斑になってしまう。最終日はとにかく小まめに壁の水分を拭き取り、光沢が出るように仕上げていった。

昼を過ぎた辺りから、西の空に巨大な積乱雲が立ち昇っているのが見えた。この分だと激しい夕立がやってくるかもしれない。

どうにか作業は終わらせることが出来たが、撤収に入った途端にバケツの水を返したような勢いの雨が降り注ぎ始める。

水に濡れて困るようなものは車に乗せておいたが、脚立やシートには手が回らなかった。いつもの現場なら雨が止むまで車の中でやり過ごすが、とてもそんな気にはなれない。

叩きつける雨粒に目を細めながら、脚立を畳もうとした時だった。

玄関の戸がいつの間にか開いており、上り框に裸足の女が俯き加減に立ち尽くしている。肌襦袢の前を開けて、青白い肌が透けて見えるようだった。

前のような邪悪な印象はなく、普通の年相応の女性がただ其処に立っているように見えた。

私は目を逸らすことができず、その姿をじっと眺めた。まるで、かつて本当にこんな瞬間があったのではないか、と思えてならない。

やがて雨足が弱まり、雲の切れ間から陽が差し込むと、いつの間にか女の姿は消えていなくなっていた。

脚立を荷台に乗せてから、玄関の戸をゆっくりと閉める。おしろいの匂いが漂ってくる。薄暗い廊下の奥に誰かが立っていたような気もしたが、あえてそちらは見ないようにした。

この家には、女が棲んでいる。

しかしもう、あの囁き声は聞こえなかった。

◆

その後、仕事を終えたことを松川さんに電話で報告すると、ただ一言「そうか」とだけ返答があった。特に何かを言うわけでもなければ、聞くでもなく、最後の会話は終わった。

すぐに指定した口座へと入金があり、案件は無事に終了した。

夏が終わり、冬が到来し、その年の暮れのことだった。

自宅兼事務所である家の固定電話に一本の電話が入った。ちょうど仕事納めをして、妻と共に正月の支度に追われている最中だった。

「あなた。西井さんという女性の方からお電話ですよ」

「西井？」

聞き覚えのない名前に首を傾げながらも、年賀状を書く手を止めて廊下の固定電話の元へと急いだ。ストーブのない廊下は冷えるので、半纏を着込んでから受話器を取る。

「はい。葉山ですが」

『ご無沙汰しております。松川の家で家政婦をしておりました、西井と申します』

一瞬、何のことか思い出せなかったが、ようやくあの無愛想な老人が浮かんだ。

「ああ、はいはい。思い出しました。あの時の家政婦さんですね。その節はどうも」

『突然、このようなお電話を差し上げて申し訳ありません。実は、つい先日、松川が亡くなりまして』

「そうでしたか。それはご愁傷様でした」

松川さんは高齢だった。持病も持っていたようだし、亡くなったこと自体はそれほど驚くようなことではない。問題は、どうして自分に電話がかかってきたのかということだ。あの一件以来、私は松川さんと手紙の交流さえしていなかった。

『それが、松川が死ぬ間際に「自分の死に様だけでも伝えて欲しい」と言っていたものですから。ご迷惑かとも思いましたが、どうしてもそれだけお伝えしたくて』

奇妙な話だ。どうして赤の他人である自分にそんなことを言い遺すのか。通夜に来い、葬式に出て欲しいという話ならまだ分かるが。

「待ってください。そんなことを急に言われても困ります」

『安心してください。松川が誰かに殺されたとか、そういうきな臭い話ではありませんから。ただ、どうしてか別邸でたった一人亡くなっていまして』

別邸という言葉に、あの夕立の匂いが蘇るようだった。薄暗い廊下の奥から漂ってきた香りに背筋が、ぶるり、と震えた。

『松川が葉山さんにお願いした家だと聞いております』

あの女のいる家へ、松川さんは自ら足を踏み入れた。それが何を意味するのか。私はもうこれ以上、何も考えたくはなかった。

「そうでしたか。残念なことです」

『私も肩の荷が降りたように思います。不躾なことを申しました』

失礼します、と電話を切られて暫く私は身動きが出来ないでいた。

「あなた、大丈夫?　何かありましたか?」

心配そうな様子で顔を出した妻に、私は努めて笑みを浮かべて見せる。

「いいや。何もないよ。雪が降り出す前に正月飾りを買いに行こうか」

あの家がこれからどうなるのか。

それも、私とは何の関係もないことだ。

現在、屋敷は既に跡形もなく取り壊され、敷地だった場所には真新しい住宅が二棟並んで建っている。

今も女の声が聞こえるという話は、聞いたことがない。

仮に、野本さんとしておく。

防空壕の声

◆

四ツ山の防空壕を最初に見つけたのは、幼馴染の賢治だった。

「クラスの誰にも言ったらダメだよ」

頂上へ続く石段の途中、側面へ回り込むような形で鬱蒼と生い茂った草木を掻き分けて行った先に、その防空壕はひっそりと口を開いていた。斜面に掘られた小さめの洞窟のようで、中は少しだけ広くなっていて大人なら四人、子供なら六人程度が隠れることができそうだった。

「すごい。まるで秘密基地だ」

「晋也と僕だけの秘密にしよう」

「もちろん。でも、どうやってこんなの見つけたんだよ」

賢治は一人であちこち出歩くタイプではなかった。どちらかといえば大人しく、出かけるよりも家でテレビゲームをする方を好んだ。外へ遊びに連れ出すのは、いつも決まって私の方だった。そんな賢治が防空壕を見つけた、と言うのが信じられない。

「爺ちゃんに聞いたんだ。昔、四ツ山の裏手にものすごく大きな防空壕があって浪花町まで抜けていたって。それはもう潰されちゃったらしいんだけど、小さいのなら幾つかまだ残っている筈だって言うから、探してみたら本当にあったんだ」

賢治のお祖父さんは三井三池炭鉱で事務職をしていたというから、その話にはいかにも信憑性があった。

「でも、大人にバレたらどうしようか」

「バレないように秘密にするんだ。大丈夫、こんなところまで大人たちは来ないよ」

賢治の言うように、わざわざ参道から逸れて、生い茂った草木を掻き分けてくるような大人はいないだろう。

「ああ、それもそうか。じゃあ、二人だけの秘密だ」

それからというもの、私たちは下校すると一目散に四ツ山へと向かい、周りに人がいないのを十分に確認してから茂みに飛び込み、秘密基地の開発を進めた。

お互いの家から密かに持ってきた懐中電灯や折りたたみ椅子、粗大ゴミとして捨てられていた小さな棚を嬉々として運び込んだ。寂しげな防空壕の中は少しずつ秘密基地らしく変わっていった。

ただし、困ったのは昆虫だ。暗くて湿気が多いので、どこからともなく毒虫が侵入してくる。賢治が持ってきた殺虫剤を使った時には、まるで自分たちが害虫になったみたいに燻り出された。仕方がないので、自宅にあった百足避けの薬を入り口に撒くと、かなりマシになった。

薄暗い室内を懐中電灯の灯りが仄かに照らし上げる。壁にはノミで削った跡があり、所々に漢字や数字が彫られていたが、私たちにはさっぱり意味がわからなかった。

「冷蔵庫やソファが欲しい。テレビとスーファミがあれば文句なしだね」

賢治はニコニコしながらそう言って、来る途中に買ってきた缶ジュースに口をつける。大人も知らない場所に、こんな素晴らしい基地を作ったことが誇らしかった。

「そんなのどうやって運び込むんだよ」

「お姉ちゃんの部屋に小さな冷蔵庫があってさ。缶ジュースが四本くらいしか入らないけど、いつでも冷えたジュースが飲めるんだ」

「いいな、それ。テレビはビデオが見れるやつがいい。下にビデオがくっついてるテレビがあるんだ。知ってる?」

ケタケタと二人で笑い合った。そもそも電気が通っていないのだから、家電製品を持ってきてもどうしようもないことはよく分かっている。

「お姉ちゃんの部屋にあるよ。だから夕ご飯を食べると、すぐに二階へ上がって部屋に閉じ籠る。高校生だから部屋にも入れてくれない。ゲームだって独り占めにするんだ」

賢治のお姉ちゃんは美人で有名だけど彼氏がヤンキーだし、気が強いので昔からあまり好きではなかった。でも、一番嫌なのは弟の賢治に対して、まるで優しくない所だ。

「もう大人になるんだから、すぐに家を出て行くさ」

「うん。最近あんまり家に帰ってこないから、お父さんとよく喧嘩している」

「そうなったら冷蔵庫もテレビも賢治のものだな」

そうだね、と賢治は歯を見せて愉快そうに笑った。

◆

いつも私たちは山の麓にある巨大な白い鳥居の下で待ち合わせて、二人で秘密基地へと向かうようにしていた。お互い口には出さないけれども、自分たちの私物を持ち込んでいるとはいえ、あの防空壕に満ちた背筋が凍りつくような冷たい不気味さがどうしようもなく苦手だったからだ。

その日は朝から雨が降っていた。

雨の日には基地には行かない、と言うのが私たちの共通認識だった。山頂へ続く石段は勾配がきつく、足を踏み外せば大怪我では済まない。もしも怪我なんてしようものなら、家族に基地のことがバレてしまうと私たちは考えていた。

「今日はウチで遊ぼうよ。家には爺ちゃんしかいないから好きなことができる」

「スーファミもできる?」

「いいよ。姉ちゃんの部屋から持ってくる」

私たちは遊ぶ約束を交わしてから、踏切を渡った後にそれぞれの帰路についた。家へ戻ったらランドセルを置いて、ファミコンのカセットを持って行こう。

傘を差して線路沿いに進んでいくと、やがて荒尾駅へ着いた。駅前は相変わらず大勢の人で賑わっていた。その人だかりの中に見覚えのある花柄の傘を見つけて、思わず首を傾げる。あれは母の傘と同じものだ。去年、家族旅行で鹿児島に行ったときに母が気に入って購入したのをよく覚えている。

こちらを振り返った女の人は、やはり母だった。いつもと違うのは旅行用の少し大きめの鞄を肩からかけていることだ。

「晋也」

母が私を見つけるなり、悲痛な表情を浮かべた。

「どうしたの。母さん」

「あなたが帰ってくるのを待っていたの」

私の肩を手で撫でながら、落ち着いて、と母は言った。その様子に酷く嫌な予感がした。

「さっき鹿児島の病院からお父さんに電話があってね、お婆ちゃんがついさっき亡くなったそうなの」

血の気が引いていくのを感じた。足元が遠のいていくような感覚に眩暈がする。小学校に入るまで祖母のもとで育った私にとって、それは耐え難いものだった。

「そっか」

自分でも驚くほど平坦な声が出た。

「今から鹿児島のお婆ちゃんの所へ行きましょうね。最後のお別れに行かないと」

それから母に連れられて、ランドセルを背負ったまま荒尾駅から電車に乗ったところまでは覚えているが、道中のことがまるで思い出せない。気がついたら私は祖母の通夜に見覚えのない親戚たちに混じって出席していた。遺影の祖母は少し若く、幸せそうに微笑んでいた。

「今のうちにお婆ちゃんの顔を見ておけ」

通夜のあと、父がそう言って棺桶の小窓を開けた。中に横たわる祖母の顔は青白く痩せこけていて、目の部分が陥没して別人のようだった。祖母の形をした祖母でないものがそら恐ろしくなり、今までになく身近に感じた死に怯えて泣いた。

その晩は葬儀場に泊まることになった。母と歯磨きをしている時に、私はようやく賢治との約束を思い出したが、どうすることもできない。きっとがっかりしているだろう。電話の一本でも入れられたならよかった。

「母さん。明日、学校は休むの？」

「忌引と言ってね。大切な身内の人が亡くなった時は休んでいいの。お父さんもお仕事を休んでいるでしょう」

父は叔父さんと二人、本堂の方で不寝番《ねずのばん》をするという。尤も二人とも酒が入っているので、随分と楽しそうだった。

「明日は何をするの？」

「お葬式をして、火葬場へ行くのよ」

「火葬場？」

そう、と既に母の声は眠たげだ。

「亡くなった人の魂は天国に行って、残った身体は焼いて骨にするの。それから四十九日が済んだらお墓へ納骨するのよ」

「どうして、そんなことをするの？」

「弔う為よ。さぁ、明日は早いからもう寝なさい」

そうしてすぐに母が先に寝息を立て始めた。私は見慣れない天井の模様を眺めながら、ぼんやりと亡くなった祖母のことを考えている内に、いつの間にか眠ってしまった。

翌日は昼前から葬儀が始まり、終わるとすぐに火葬場へ皆で向かうことになった。祖母を乗せた霊柩車の後ろを車で追いかけながら、山奥へと進んでいく。

火葬場でもお坊さんがお経をあげて、祖母の棺が分厚い金属の扉の奥へと消えていく様子を見送りながら、大人たちが声を殺して泣いた。昨日は酒を飲んで楽しそうにしていた父や叔父も目を真っ赤にしている。大人の男の人が泣くのを初めて目にした。

「焼骨が終わるまで御休憩所でお待ちください」

係員の人の声に頭を下げて、ぞろぞろとソファや椅子が並ぶホールのような場所で祖母が骨になるのを待った。

どれほど待ったのか分からない。待ちくたびれた頃、父に手を引かれて移動すると、白く焼けた骨になった祖母が私たちを待っていた。

「ここが喉仏で、こちらが大腿骨になります」

係員の人が淡々と横たわる骨になった祖母について説明し、光沢のある骨壷へ骨を箸で拾い上げて収めるように言った。

父や叔父さんが最初に骨を壺へ入れて、母と私がその後に続いた。長い竹の箸を母から受け取り、耐え難いほど熱く焼けている祖母の骨を一つ箸で摘んでから、そっと壺へと入れる。カサカサと乾いて軽くなってしまった祖母の、焼けた骨の匂いが鼻の奥に染みつくような気がした。

参列していた親戚たちが次々に骨を壺へ入れていき、やがて頭蓋で蓋をするように被せた。

父に抱かれた桐箱にそっと手で触れる。

祖母の遺骨は今もなお、焼かれ続けているように熱かった。

◆

鹿児島から戻った翌日、いつものように学校へ行くと賢治の姿が見当たらなかった。クラスメイトに聞くと、私が忌引で休んだ日から学校に来ていないという。

雨に打たれて風邪でも引いたのかもしれない。先生から頼まれたプリントを届けなければならないし、ついでにお見舞いに行くことにした。

賢治の家は大正町にあった。歯医者の傍にある二階建ての古い木造家屋がそれだ。しかし、家の前にある筈の賢治の自転車がない。

どこかへ出かけているのか、と怪訝に思っていると玄関から賢治のお祖父さんが出てきた。背が高く、手足が長い姿はあまり年寄りらしくない。

「晋也か、どうした。賢治ならまだ帰ってきとらんぞ」

学校を休んでいる、と咄嗟に言葉を返そうとして口を噤む。

「わかりました」

「……なあ、お前ら。最近、四ツ山で遊んどるんか」

いつもよりやや低い声に、私はいいえ、と答えた。

「二人で、僕の家でゲームをしてます」

反射的に嘘をつく。賢治のお祖父さんの鋭い視線から逃れるように足元に目をやると、蟻の行列が側溝へ進んでいくのが見えた。

「そうか。山で遊ぶのはいいが、気をつけぇよ。あそこは昔から色々あったけんな。昼の間はいいが、日が暮れる前に帰れ」

「色々？」

「お前らは知らされてないやろうが、あの一帯は空襲で焦土のような有様になった。上の神社も社殿が焼け落ちた。人も大勢死んどる。戦後も争いやらあって、あちこちに曰くがある。怖い思いをしたくなかったら、早く帰れ」

コクコクと頷いてからプリントのことも忘れて、一目散に賢治の家を後にした。

嫌な予感がした。漠然とした、言葉にならない悪寒が腹の底で蠢いているようだった。

四ツ山の麓へと駆けていくと、案の定、賢治の自転車が停まっているのが見える。

石段を駆け上がり、秘密基地へと急ぐ。

既に陽が傾き始めていた。

草むらの向こう、秘密基地の入り口に賢治のランドセルが無造作に転がっている。普段から愛用している水筒が、まるで放り出されたように草むらの中に落ちていた。

賢治は学校へ行くふりをして家を出て、きっと此処にいたに違いない。怖がりの賢治が、そんなことをするだろうか。いや、そもそも一体いつから一人で基地へ来るようになったのか。

あの日だ、と思った。私が連絡をしなかったせいで、賢治はきっと私が基地に行ったのではないかと探しに来たのだ。

そっと入り口に近寄ると、中から賢治の楽しそうな笑い声がした。誰かと話している。私以外の誰かを呼んだのか。そう思うと俄かに怒りが込み上げてきた。二人だけの秘密だと言ったのに。

「賢治」

声をかけて中へ入った瞬間、話し声が止んだ。奥へ進むと、薄暗い防空壕の中で賢治は一人で立ち尽くしていた。その他には誰の姿も見当たらない。

「ああ、晋也」

どこかぼんやりとした様子でこちらを振り返ると、口の端を引き攣るようにして笑った。幼馴染のこんな笑みを私は初めて目にした。

「一人で何してるんだよ」

「一人じゃないよ」

「他に誰がいるんだよ。お前、学校にも行かないで何してるんだ」

「遊んでた。だって友達がいないって言うから」

「誰が？」

「だから、彼女が」

話がまるで噛み合わない。こんな場所に朝から一人でいたのか。

「彼女って誰だよ。クラスの奴か？」

「ううん。違うよ」

「じゃあ、誰なんだよ」

「おかしいな。ついさっきまで此処にいたのに。二人で話していたんだ」

賢治の視線が、不意に私の背後を見て焦点を結んだのが分かった。後ろに立つ誰かに向けて、うっとりと微笑む。

咄嗟に背後を振り返ったが、そこには誰もいない。夕暮れに染まり始めた空が見えるだけだ。

山頂から吹き下ろす冷たい風に、背中がぶるりと震えた。

「今日はもう帰ろう」

「うん。そうだね。帰ろう」

帰りぎわ、賢治が振り返って石段の上にいる誰かに向かって、「バイバイ」と手を振っていたが、私はそれを見ないふりをした。

◆

あれから賢治は学校へ来るようになったが、少しずつおかしくなっていった。

学校が終わるとすぐに秘密基地へ向かい、私が一緒に来るのを嫌がるようになった。勿論、直接的な言い方ではなかったけれど、明らかに二人でいるときは楽しそうではない。

雨が降っても、賢治は一人で基地へ行った。

私は賢治を他の遊びに誘った。ゲームでも玩具遊びでもなんでも良かった。あの秘密基地という名前の防空壕に、賢治を取られたくなかった。

しかし、賢治は毎日のように防空壕へ行く。止めても無駄なので、仕方なく私もついていき、陽が暮れる前に必ず一緒に帰った。

教室でもぼんやりとしていることが増えた。一度、絵を描いていたので盗み見ると、フードのようなものを被った顔のない真っ黒な女の子を一生懸命に描いていた。クラスメイトはそんな賢治を馬鹿にして笑ったが、私は全く笑えなかった。

ある日、いつものように防空壕へ向かう賢治を止めようと校門の前で揉めた。

「晋也がいると、あの子が来ないんだよ」

心底迷惑そうな言葉に私は傷つき、それ以上に怒りを感じた。

「だったら好きにしろよ」

泣きながら家へ帰って、布団に潜り込んで泣いた。唯一の親友と喧嘩をしてしまったこと、言葉にできない防空壕への恐怖に泣くことしかできなかった。

泣き疲れてしまったのか。いつの間にか眠っていたらしい。

「晋也。起きなさい、晋也」

母に揺り動かされて目を覚ますと、青ざめた顔の母が私の顔を覗き込んでいた。

「どうしたの、母さん」

「賢治君のお母さんから電話があってね。まだ賢治君、家へ帰ってないんですって。どこで遊んでいるか、心当たりはない？」

窓の外へ目をやると、深い穴蔵のような夜が広がっていた。時刻はもう午後七時を回っている。

「学校にもいないみたいなの。連絡網で呼びかけているみたいだけど、どの家にも来ていないって。晋也、あなた何か知らないの？」

眩暈がした。一瞬、言うべきか戸惑ったが、もう限界だった。

「防空壕」

「え？」

「四ツ山に防空壕があるんだ。そこに賢治と二人で秘密基地を作った。きっとそこにいる」

母は驚いた顔をしてから、怒鳴りつけようとするのを呑み込んで、来なさい、と言った。これほど怒りを露わにした母の顔は見たことがなかった。

すぐに賢治の家へ電話をかけて、母が事情を説明した。私は母と車に乗って大急ぎで賢治の家へ行くと、近所の人たちが集まって騒ぎになっていた。大騒ぎに発展してしまい、私は恐ろしくてしょうがなかった。賢治にもしものことがあったら、と思うとお腹が痛くて仕方がない。

「晋也。場所を教えてくれんか。どの防空壕だ」

賢治のお祖父さんは怒鳴るでもなく、優しくそう聞いた。私は紙になるべく詳細に防空壕の場所を描いて伝えた。

「そんなところに防空壕なんぞあったか？」

「浪花町に続いとったデカいのは潰したと聞いたが、小さいのはまだあちこち残っとるんじゃないのか」

「とにかく探しに行かんと」

大人たちが絵を見ながら相談していると、不意に誰かが声を上げた。

「おい、見つかったぞ。冨樫さんとこの坊主が麓で賢治を見つけたげな」

それから暫くして、賢治が数人の大人に連れられて家へ戻ってきた。

ぼんやりとした顔で、事態がまるで飲み込めていないようだった。

「本当にご迷惑をおかけしました！　ありがとうございました！」

賢治のお父さんが息子の頭を小突きながら、深々と頭を下げた。母も私も頭を下げて謝った。

捜索に加わっていた大人たちは「気にせんでよかよ」と手を振って、心底ホッとした様子で解散していった。

それから私と賢治は酷く叱りつけられ、もう二度と防空壕へは近寄らないよう厳しく言いつけられた。

しかし、賢治は頑として首を縦には振らない。

「嫌だよ。それだけは嫌だ。友達がいるんだ。僕が行かなかったら可哀想だよ」

賢治のお父さんが頬を強く平手で叩いた。しかし、賢治はそんなことなどまるで感じていないように平然と首を横に振った。

「僕は行くよ。僕だけが友達なんだ。僕だけなんだ」

声を荒げるでもなく、淡々と繰り返す賢治に私は背筋が冷たくなった。きっと賢治の両親もそうだったのだろう。怒り狂っていたおじさんでさえ、不気味なものでも見るかのように慄いていた。

賢治がこちらを振り向く。

その瞳には、防空壕の薄闇のような暗さが宿っていた。

◆

「明日、彼女の家へ遊びに行くんだ」

学校帰りに何気なく賢治がそう言った。先日の騒ぎから一週間ほど経っていた。賢治がまだ防空壕に行っているのかどうか、私は知らない。

「そっか」

「うん。楽しみだ。初めてなんだ」

私は賢治の言う『彼女』のことを知るのが恐ろしかった。話を聞くほどに少しずつ頭の中で輪郭を持ち始めているように思えてならない。

「彼女の家ってどこにあるんだよ」

「四ツ山町」

ふーん、と相槌を打ちながら、慎重に言葉を選んでいく。

「なぁ、彼女ってどんな子なんだよ」

「普通の女の子だよ。歳は多分、僕らと同じくらい」

そっか、とだけ返して賢治の横顔を観察した。

元々、痩せ型だった賢治はすっかり痩せ細っていた。給食もほとんど食べず、家でもあまり口にしないという。心配した両親が怒鳴ってようやく二口ほど食べて、それきりだと言う。すぐに息が上がって眩暈がするので体育の授業も休むようになっていた。

翌日、賢治と下校し線路を越えた先でいつものように別れたふりをして、私はこっそりと今朝のうちに三角便所の脇に停めておいた自転車に跨った。ランドセルを背負ったままでは目立つので、生垣の裏に隠しておく。

自転車で先回りをして賢治の家のすぐそばに隠れて、家に戻ってくるのを待った。

暫くすると賢治が帰ってきて、玄関からランドセルを投げ入れると逃げるようにして自転車に跨ってペダルを漕ぎ始めた。怒鳴り声が聞こえて間もなく飛び出してきたのは賢治のお祖父さんだ。

一瞬、私と眼が合うと、お祖父さんは何も言わずにただ無言で頭を下げた。私は頷いてから急いで賢治の後を追いかけた。

大正町から四ツ山町までは目と鼻の先だ。四ツ山町は福岡県との県境にある。

賢治は迷う様子もなく、国道を進んでいくと右折し、小さな公園に自転車を止めた。そうして、まるで誰か一緒にいる友たちがいるように滑り台やブランコで遊び始める。鬼ごっこをしたり、かくれんぼを一人でしている様子を遠くから眺め続けた。

日が暮れるのは早い。夕方の午後五時を知らせる時報が鳴る頃には、もうすっかり町が夕暮れ色に染まっていた。

まだ移動しないのだろうか、とずっと眺めていた私は身を屈めて公園に近づいていった。賢治は一人、誰もいない公園で独り言を言っているようだった。遠くてなんと言っているのか聞き取れない。

やはり私には、賢治の友達が見えなかった。

そう思い、賢治の足元へ目をやった瞬間、悲鳴をあげそうになった。

――影がある。

頭巾を被ったような小柄な影が、賢治の影の隣に伸びている。左手で賢治の影と手を繋いでいた。それはまるで熱を帯びているように、地面の上でゆらゆらと揺れている。

悪い夢でも見ているようだった。

祖母の棺の中を覗き込んだ時のような、強い死の気配に足が竦む。

賢治がおもむろに公園を出ていく。道路の向こうにある空き地に進んでいくと、賢治の影から離れるように「彼女」の影が空き地の中央へと進んでいき、右手を上げる。

そうして手を振る賢治に応えるように、空き地の影が忽然と消えた。

それから暫く賢治は立ち尽くしていたが、やがて目元を袖で拭ってから自転車の元へ戻ると、いつものようにゆったりとペダルを蹴って、公園を離れていく。

私は息を呑んで、空き地の方へ近づいていった。特にこれといって何もない、草木一つ生えていない場所がぽっかりとある。よく目を凝らすと、古い名札のようなものが地面から少しだけ顔を覗かせていた。掴んで取り出した瞬間、思わず足元へ投げ捨てる。

黒く焼け焦げた名札には『古町ヒサ子』とあった。

◆

すっかり陽が暮れた街を、私は自転車のペダルを漕いで帰った。

帰りがけに賢治の家へ立ち寄ってみると、賢治が玄関の前に立ち尽くしていた。呆然としていて少しも動かない。

私は自転車を降りないまま、賢治へ声をかけた。

「賢治」

振り返った賢治はゆっくりとこちらを振り返ると、酷く疲れた様子で弱々しく笑って見せた。

それでも私にはすっかり憑き物が落ちたように見える。

「彼女の家はどうだった？」

「うん。ちゃんと送り届けたよ」

「そっか」

「多分もう会えないと思う。きっと防空壕にも来ないよ」

玄関の灯りに誘われた羽虫が舞う様子を眺めながら、賢治がぼんやりとした様子で告げた。

どこか寂しそうだったが、私は何も聞かなかった。聞きたくもなかったからだ。

「晋也はどこまで遊びに行ってたの？」

「大牟田の潮崎模型店。でも休みだった」

賢治は可笑しそうに笑って、なんだそれ、と言った。私も釣られて笑ってしまった。

久しぶりに賢治と話しているような気持ちになった。

「もう帰らないと。門限過ぎてるから母さんに叱られる」

「僕もだ。また明日、学校で」

「ああ」

手を振ってから自転車に乗り、再びペダルを漕ぎ始めた。

ほんの少しだけ言葉を交わしただけなのに、自転車のペダルは驚くほど軽く感じられた。

それから数年も経たない内に、防空壕は全て潰されたと親に聞いた。

◆

それから私たちは小学校を卒業し、中学校に進学した。進学とは言っても、校庭を挟んだ向こう側にある中学校へ移るだけ。クラスメイトもほとんどそのままで、代わり映えはしない。

環境の変化のせいか。私たちは以前ほど一緒には遊ばなくなった。

野球部に入部した私は部活に没頭した。とにかく時間があれば野球の練習をして、仲間たちと白球を追いかける日々が続いた。賢治が美術部に入ったことは知っていたが、それだけだ。

クラスが別々になったこともあり、会話をする機会も自然と減った。

仲が悪くなったのではない。会えば話すし、珍しく部活が休みの日には遊ぶこともあった。

しかし、それも年に数回のことだ。

やがて受験を迎え、私は玉名の県立高校へと進学し、賢治は大牟田の私立高校へと進学した。

この時にはもう会うことさえなくなってしまっていた。

新しい友人たちと、新しい生活をしていくだけで精一杯だった。

高校二年の秋、玉名の友人たちと共にあの山へ向かうことになった。コクンゾサンと呼ばれる、毎年、春と秋の二回、四ツ山の頂上にある四ツ山神社で行われる大祭で、多くの露店商が並び、大勢の参拝客で賑わう。この故郷の祭りを友人たちに見たいとせがまれたからだ。

みんなで麓の露店を回り、たこ焼きやハンバーグ串を食べながら祭りを見て回るのは楽しかった。玉名にも大きな花火大会やお祭りがある。それらに比べたら小さな祭りかもしれないが、みんなとても喜んでくれた。

「頂上で巫女舞いがあるんだってさ。見にいこうぜ」

「マジか。可愛い女子高生の巫女さんとかいんのかな」

「ばーか。小学生とか中学生の子が舞うんだよ」

「そうだよ。神社でそんなこと言うと罰があたんぞ、オメー」

ケタケタと笑いながら、懐かしい石段を大勢の参拝客の列に続いて登っていった。

賢治の一件以来、どうしても足を伸ばすのが億劫で、一度もここへ来たことはなかった。中学生の時にクラスで一致団結して必勝祈願に行くときでさえも、仮病を使って欠席した。

「階段、やばくない？　勾配がきつ過ぎんだろ」

「いや、これトレーニングにいいわ。毎朝上まで駆け上がったら相当、体力つくぞ」

「手すりなかったら死人が出るわ、こんなん」

子供の頃はどうだっただろうか。確かに石段を登っていくのは辛かったが、精神的には楽しさの方が優っていたかもしれない。

石段が途切れた小さな空間で、一度小休止を取ることにした。振り返ってみると、夜景が美しい。麓の参道に連なる露店の灯りがいかにも幻想的に見えた。

鬱蒼と雑草が生い茂った、この奥にかつての秘密基地があったのだ。

不意に視線を投げると、闇の奥に白いシャツを着た同い年くらいの男が背中を向けて立っていた。がっしりとした背中、短く刈り上げた頭髪。かつての姿からは似ても似つかないというのに、何故か一目で賢治だと分かった。

賢治、と思わず言葉が口をつこうとして、痙攣したように咽喉につかえた。

背後に誰かが立っている。一人ではない。二人、三人と、輪郭のはっきりしない人影としか言いようのない誰かたちがいた。

「晋也？」

はっ、となる。友人に背中を押された。

「そろそろ行こうぜ。立ち止まっていても仕方ねぇだろ」

もう一度だけ賢治の方へ目をやろうとして、やはり止めた。

賢治ではないかもしれない。

もし、仮に賢治であったとしても私に出来ることは何もない。

他の古町ヒサ子達のことなど、私は知りたくもなかった。

「お、神楽の音が聞こえてきたな」

石段を一歩、また一歩と踏みしめながら前だけを見て登っていく。友人たちの背中を追いかけながら、おそらくはもう二度と賢治と会うことはないような気がした。

お囃子の太鼓の音が、腹の底に深く響いた。

仮に、藤倉さんとしておく。

◆

ひそむ鬼

離れの床下には鬼が棲む、としきりに話していた伯父が死んだのは、昨年の夏のことだった。

「俊司、爺さんたちの家を相続する気はないか」

伯父の葬儀の最中、喪服姿の父にそう言われて思わず眉を顰めた。

「爺さんの家って、つまり伯父さんが暮らしていた家のこと？」

「そう。兄貴は独り身だったからな。家を相続する相手がいない」

「親父が相続すればいいだろ。弟なんだから」

「俺は母さんと長崎で静かに暮らす。長年の夢だったからな。釣り三昧の老後を送るつもりだ。

重荷になるものは必要ない。お前が要らんというのなら、実家は取り壊して土地は売り払うだけだ。ただ、お前に確認だけはしておこうと思ってな」

瓶ビールをコップに注ぎながら、父がちらりとこちらを伺うように見た。

「お前は兄貴に似ている。その歳になっても結婚せず、仕事ばかり。家賃も馬鹿にならんだろう。相続税くらいは払ってやる。俺も自分の生まれ育った家が残るのなら、それに越したことはない」

こちらに帰るときの宿にもなるしな、と呟いた。

「いいよな。定年退職して釣り三昧か」

「小型船舶の操縦免許も取った。好きにやるさ。お前はどうしたい。多少の曰くはあるが、あれだけの敷地の家は簡単には手に入らんぞ。孫のお前が相続すれば爺さんたちも喜ぶ。兄貴はどうだろうな。お前のことは気に入っていたが、偏屈者だったからな」

父はしみじみとそう言いながら、私のグラスにもビールを注ぎ始めた。ぐい、と一息に飲み干す。

「有明海じゃ駄目か」

「駄目なことはないが、干潮のときは潮干狩りしか出来んのはつまらん。長崎は水深が深くて魚も多い。雨が多いのが難点だが、母さんの故郷だ。長年の恩返しにもなる」

私は少し考えてから、首を縦に振ることに決めた。

「相続するよ。取り壊すのは勿体ない」

「子どもの頃みたいに怖がるなよ」

からかうように言ってから、親父が追いかけるようにグラスに残ったビールを飲み干した。

◆

伯父の家は荒尾市の北端、県境にあった。かつては炭鉱需要に湧いたというが、今となってはその栄光は写真でしか見つけることができない。

伯父は若い頃からカメラに凝っていて、自作の暗室を庭の端に作った。私がカメラに傾倒するようになった要因の一つは間違いなく彼からの影響だ。幼い私をこっそりと暗室へ連れていき、写真を現像する様子を見せてくれた。

母屋には祖父母と伯父が暮らし、離れでは曽祖父が寝起きしていたようだが、私が物心つく頃には心臓の病で亡くなってしまった為、離れは来客用となったのだが、いつの間にか伯父が離れも占有するようになったという。

独り身だった彼が死後すぐに見つけられたのは運が良かったからで、たまたま回覧板を持ってきた近所の人が母屋への渡り廊下に倒れているところを見つけて、救急車を呼んでくれたが、病院で死亡が確認された。

この伯父を見つけてくれた人物というのが、安藤さんだ。歳は父と同じくらいで世話好きで、なにかれとよく家へ様子を見にやってくる。私は覚えていないが、子どもの頃に何度か会ったことがあるという話だった。

「俊司君はお爺さんの家のことを酷く怖がっていたね。小学校の高学年になると、まるでそういうことを言わなくなったけど、小さな頃は泣いて喚くものだから心配になった近所の人がよく様子を見に来たものだよ」

真っ白な頭を撫でながら、穏やかに笑う安藤さんは通りの角に住んでいて、今年度の自治会長をしている。持ち回りなので、いずれ自分にも順番が回ってくるだろう。

私たちは離れの縁側に腰を下ろして、他愛のない話をしていた。家に上がってください、という私に安藤さんは縁側が良いのだ、といった。

「そんな昔の話、覚えていませんよ。もう三十年以上も前の話じゃありませんか。参ったな」

「立派になったという意味だよ」

「立派なことなど何もありませんよ。こんな歳になっても結婚も、会社勤めもせず、写真家気どりで気ままに生活しているだけです」

その写真家としての活動さえ、ここ最近は真面目にしていないのだから呆れてしまう。人にああしろ、こうしろと言われる仕事に飽き飽きして、長らく仕事をくれていた恩人の元から逃げ出したのだ。

「いいことじゃないか。誰に迷惑をかけるでもなし。福岡で暮らしていたそうだけど、天神かい？」

「薬院のボロアパートです。階段が錆びて抜けそうな物件でしたね」

「それに比べれば、ここは広いだろうね。持て余してしまうかもしれない」

ええ、と心の底から同意せずにはいられなかった。母屋だけでも座敷が五つ、渡り廊下の向こうの離れも合わせれば親子二世帯がゆうに暮らしていけるだけの広さがあった。若い頃なら気の合う友人を住まわせたりもしただろうが、この歳になると友人であっても、毎日のように他人と顔を合わせるのは苦痛になってくる。我ながらつくづく結婚に向いていない人間だ。

「何か困ったことがあれば、いつでも声をかけてくれたらいい。君の伯父さんにはお世話になったから、恩返しになると私も嬉しい」

「伯父が？」

「ああ。毎年、春になると家族写真を撮ってくれた。そこの公園で毎年ね。勿論、仕事として頼んでいたけれど、本当に良い写真だった。我が家の宝物だよ」

安藤さんはよいせ、と立ち上がって沓脱を降りた。右足を引きずっているのは、数年前の事故が要因だという。そんな体でわざわざ家まで訪ねてきてくれるということを、私はもっと感謝すべきかも知れない。

「伯父はどんな人でしたか」

「おかしな人だったね。物静かに見えるけど、好奇心の塊のような人で一度気にかかったことは納得がいくまで追いかける。ジャーナリストの方が向いていたのかも知れない。晩年は本当におかしくなってしまったけど、私は嫌いではなかったよ」

安藤さんが帰った後、家の片付けの続きを始めることにした。私は家に物が溢れているような状態を好まない。祖父母の私物は殆ど残っていないが、箪笥や鏡台などは放置されたままだった。ちゃぶ台や食器類も不用品として業者に引き取ってもらい、私物を代わりに置く。そうして少しずつ自分の領域を広げていく日々だ。

夕方になり、家の戸締りを済ませて居間でぼんやりと借りてきたドラマを鑑賞していた時だった。がたん、と何か固いものが床に落ちる音がした。

廊下へと出ると、母屋と離れを繋ぐ渡り廊下に鍬《くわ》が落ちているのを見つけた。どうしてこんな場所に鍬があるのか。農具は納屋《なや》に入れてある筈だ。

誰かが持ち出したのか。

急に恐ろしくなって周囲に視線を走らせた。薄闇の空に蹲る屋敷は塀で囲まれ、入り口の門は閉めてある。故意に塀を乗り越えでもしない限り、中へ入ることはできない。

不意に強い煤の匂いがした。向けた視線から逃れるように、離れの床下で何かが這った。背筋が泡立つような恐怖に足が動かない。野犬や猫の類にしてはやけに大きい気がする。

闇の中に白く光る目が二つ、ぎょろりとこちらを向くのが見えた。

◆

雨に煙る庭へ目をやると、夾竹桃《きょうちくとう》に白い花がついていた。

暗室の中身を整理する為に、廊下へ全ての荷物を一度出してしまう。片付けには晴れた日が好ましいが、出来るだけ早くあの床下にいる何かの正体が知りたかった。

きっと野犬か、野良犬の類に違いない。

あれから床下を掻くような音が響いてくることが何度かあった。その度に母屋の居間へ逃げ込んだが、いつ足元から聞こえてくるか分からず、満足に眠ることもできなかった。いい歳をして馬鹿なことを言っているのは自覚していたが、あの床下を這い回っていた何かが恐ろしくて仕方がない。

『俊司。離れの床下には鬼がいる』

時折、思い出したようにそう呟いた伯父の言葉が脳裏を過ぎる。祖母も父にも聞こえないが、伯父は幼い頃から床下の呻き声を聞いたことがあったらしい。彼ばかりではない。離れに泊まった来客も呻き声や、啜り泣く声を聞いたという。

鬼などいる筈がない。

何か手掛かりはないものかと、伯父の暗室を朝からひっくり返して片付けているのだが、膨大な量のアルバムに言葉を失うばかりだった。幾ら仕事とはいえ、これほどの量を現像しておく必要があるのだろうか。

伯父はデジタルカメラを好まず、フィルムを用いることにこだわりがあったらしい。実際、パソコンに残された写真のデータはごく一部だった。

アルバムに目を通しながら、すぐにそれらが仕事に用いるような写真ではないことに気づいた。これらは作品ではない。構図や被写体、そのどれもが淡々としていた。写真家の作品として撮られたものではない。

「……記録か？」

アルバムの表紙には分類するように『宮浦』と丁寧な文字で書かれていた。他のアルバムにもそれぞれ『大浦』『勝立』『七浦』『宮原』『万田』とあり、おそらくは地名のことだとすぐに気づいた。万田は荒尾市、他は隣町の大牟田市の地名だ。

写真の内容で一番多かったのは誰かの住まいを写したもので、一軒家やアパートばかりだった。人物が写っているものは一枚もない。二番目に多いのは、その近辺で撮影したらしい風景写真だ。これといって奇妙なものは見当たらなかった。

四畳半の和室を改造した暗室には換気用の小さな窓があり、赤い遮光カーテンが吊り下げられていたが、取り外してゴミ袋に捩じ込んだ。

伯父の使っていたキャビネットは、そのまま使わせて貰うことにした。顧客シートなどは個人情報なので然るべき方法で処分しなければならない。シートを別に仕分けようとして、違和感に気がついた。そこには顧客の氏名がなかった。苗字だけが記載され、住所にも町名以降がない。

酷く不吉な気がした。彼はいったい何を調べていたのか。

中身も見ずに、シートは全てゴミ袋へ放り込むことに決めた。その中の一つを手に取ったときだった。クリップで挟んであった写真が数枚、足元に散らばった。

ため息をついて、散らばったそれらを手に取った瞬間、思わず身体が硬直した。生垣の向こうに立つ、黒い人影が写っていた。頭には一つ短い角のようなものが生えていた。

写真をクリップで挟んであるシートは他にもあったが、とても目を通す気にはなれない。

何処からか、煤の匂いがした。

◆

夕方の時報が鳴る前に、安藤さんの家を訪ねると、庭に七輪を出して鯵の干物を焼いているところだった。既に赤ら顔で、缶ビールをゆっくりと味わうように飲んでいる。炙られて滴り落ちた鯵の脂が煙となって鼻腔をくすぐると、腹がぐぅと鳴った。

「すいません。お食事中でしたか」

「構わないよ。こっちへ来なさい」

招かれるまま安藤さんの元へ行くと、彼は手慣れた様子で庭の端にあった収穫物を入れるオレンジ色のカゴをひっくり返して、これを椅子に使うように言った。

「奥様は？」

「家内は友人と天神へ出かけているから、夜まで帰らないよ」

「そうでしたか」

「俊司君の方から訪ねてくるのは珍しいな。何か物珍しいものでも出てきたかな」

「安藤さんにお伺いしたいことがありまして。少しだけお時間よろしいですか」

「いいよ。でも、その前にとりあえず飲みなさい。それから少し腹に何か入れた方がいいな。顔色が悪い。朝からろくに食べていないだろう」

言われてみれば、まともな食事を最後にしたのはいつだったか。

「家内が握り飯をこさえておいてくれたんだ。昔から、私を置いて出かける時でも握り飯だけは忘れない。ありがたいことだよ」

「ありがとうございます。いただきます」

ラップに包んである塩にぎりを頬張ると、驚くほど美味しかった。あっという間に一つを食べ終えてしまい、二個目へと手を伸ばした私を安藤さんは笑った。

「たくさんあるから遠慮しないでいい。鯵も食べなさい。こんなものしかなくて悪いが」

「いえ、美味しいです。本当に、とても美味しい」

お腹に入った握り飯が活力をくれているような気がした。鬱屈としていた気持ちが少しずつ晴れていくのが分かる。自分でも思っていた以上に衰弱していたのかもしれない。

「根を詰め過ぎる所は、彼によく似ている」

「安藤さん。伯父はしきりに何かを調べていたようなのですが、ご存知ありませんか？」

焼き上がった鯵を皿に取りながら、安藤さんは話すべきか悩んでいるようだった。

「断っておくけど、私も詳しくは知らない。君の伯父さんから一方的に聞かされていただけだ。聞かされたけれど、忘れてしまっていることも多分にある」

「構いません」

受け取った皿を傍に置いて、私は前のめりに頭を下げた。

「もう三年ほど前のことになるだろうか。ある日、『鬼を撮った』と訪ねてきてね。しきりに見て欲しいというから見てみたら、どこかの雑木林に黒い人のようなものが立っている写真だった。これがまた気味が悪くてね。こんなものを撮るのはよしなさい、と嗜《たしな》めたことがあった」

脳裏を、あの床下を這い回っていたモノの姿が過ぎった。

「すると、また暫くして違う場所で撮影した写真にも写っていた、と言ってきた。そして、その写真に写っているモノと同じ鬼が家にいるという。離れの床下に棲んでいるのはコレだと言って聞かない」

何度も止めたんだ、と安藤さんは深いため息をこぼした。

「仕事をして欲しい、と弟子が家に訪ねてきているのを何度か目にしたから、きっと仕事もそっちのけで没頭していたんだろう。朝早くに家を出て、夜遅くに帰っているようだった」

「離れには鬼がいる、というのは何度か聞いたことがありました。だから私はあの場所が怖かった。従兄弟たちと肝試しで足を運ぶのも、恐ろしくて仕方がなかったのを覚えています。でも、本当のことだとは思っていませんでした」

「私の祖父も、鬼の話は知っていたよ。そちらの家の離れには近づくな、と厳しく言いつけられたものだ。祖父も同じように親から言い含められたらしいが、一体いつの頃からそういう話が出来上がったのかは分からない。関わるな、とは言わなかった。とにかく離れには近づいてはいけない、と言うんだな」

「実際に何かがあったのでしょうか」

「どうだろう。鬼が棲むというが、鬼とはなんなのだろうね。漠然としていて掴みどころがない。幽霊というのならまだ分かるが、どうして鬼なのか」

食べなさい、と安藤さんに勧められて鯵の身を口に入れると、脂が乗っていて実に美味しかった。握り飯をもう一つ手に取り、頬張った。

「彼もね、しきりに鬼と呼んでいた。だが、彼から見せてもらった写真に写った鬼には角がないものもたくさんいた。角がないのに、どうして頑なに鬼と呼ぶのか分からなかった」

安藤さんはにわかに立ち上がって家の中へと入っていくと、暫くして眼鏡をかけて戻ってきた。椅子に腰掛け、持ってきた辞書を引いていく。

「改めて調べたことがなかったから、いい機会だ。……ああ、あった。これだな。『鬼とは人の形をし、角、牙があり、裸体に虎の皮の褌をつけている怪物。怪力・勇猛・無慈悲』とある。他にも色々な意味があるな。……ああ、こちらの方が近いかもしれない。『目に見えない、超自然の存在。死人の霊魂。精霊。或いは人に祟りをする魔』。鬼ではなく、キと読むようだ」

人を祟る、魔。

「幽霊のような意味合いもあるのですね」

そんなものがどうして離れの床下にいるのだろうか。彼はどこまで知ったのだろう。床下を這い回る鬼をどうにかしようと考えていたのだろうか。

「俊司君。悪いことは言わないから、もう忘れてしまいなさい。人に祟るというのだから、良いものではない筈だ。危ういものには近づかないに限る」

「実は、私も床下のものを見ました。全身が塗り潰したように黒くて、目だけが光るようだった。あれが幽霊だというのなら、床下には何かがある筈じゃありませんか？　なんの理由もなくあんな場所にいる筈がない」

心配してくれるのは素直に有り難いが、見て見ぬふりをして、あれをそのままに暮らすのは恐ろしかった。伯父のように鬼の背後にあるものを調べようとは思わないが、そのままにはできない。

「どうしてもというのなら、知り合いの工務店を紹介しよう。母屋も離れも相当に年季が入っているから、ついでに診てもらうといい」

「ああ、それは助かります。建て付けが悪いのか、建具の調子が良くないんです」

「話しておこう。連絡先を教えてもいいかい？」

「はい。よろしくお願いします」

安藤さんの家から帰りつく頃には、酔いがすっかり回っていた。久しぶりに食事をしっかり摂ったところへアルコールが入ったので、いつもより酩酊している自覚はあった。

「ただいま」

誰に言うでもなく門を開けて中へ入ったが、閂《かんぬき》はかけなかった。外からやってくるものよりも、家の中にあるものの方が脅威と言えた。玄関へ続く石段を右へ上がり、鍵を探しながら左側の庭へ目をやると離れが見える。視線が床下へ自然と向こうとして、咄嗟に正面へ戻した。

なぜか鍵が見当たらない。そう大きくもないポケットの中を手で探りながら、こちらを何かが見ているような気がした。離れの闇の中からこちらを窺い見るような視線に、全身を鳥肌が這っていくのを感じた。

ズボンの後ろのポケットに鍵が入っているのを指先が捉えた瞬間、飛びつくように玄関の引き戸の鍵穴へ鍵を差し込んだ。戸を開け放つのと同時に中へ飛び込み、内側から鍵をかけた。

床下の鬼。あれが真実、人を祟るというのなら伯父の死と関係がないと、どうして言えるだろうか。

馬鹿馬鹿しい、と鼻で笑うには、その視線はあまりにも怨嗟に満ちて見えた。

◆

二日後、安藤さんの紹介でやってきた工務店の的場さんは、いかにも職人然とした雰囲気のある人物だった。年齢は三十代後半、私よりも幾つか年上に見えるが、腰に巻いた年季の入った道具や佇まいに妙な貫禄があった。

「初めまして。的場と申します」

「藤倉と言います。今日はよろしくお願いします」

「はい。早速、件の離れを拝見しても良いでしょうか」

お願いします、と私が頷いて離れへと案内すると、取り出した懐中電灯を点けて、床下へと躊躇なく潜り込んでいった。匍匐前進の要領で床下を這っていく様子を眺めていると、中で光が弾けた。カメラで中の様子を撮影しているらしかった。

「どうですか。何かありますか」

声をかけると、床下で器用に方向転換をしている的場さんが、こちらに声を返してくれた。

「これといって落ちている物はありませんが。少し待っていてください」

素人が口を出すものではない。邪魔をしてしまった。

反省した私は作業が終わるのを大人しく待つことにした。

それから暫くして的場さんが床下から出てくると、作業服は土で汚れ、頭には蜘蛛の巣がついてしまっていた。それらを平然と払い落としながら、離れの屋根を仰ぎ見る。

「随分と古い建物ですね。文化財に指定されてもおかしくない」

「確か明治の頃に建てられたとか。母屋はもっと古かったと聞いていますが、あちらは何度か増改築をしているので比較的新しいそうで」

「シロアリの被害が出ています。このままだと危険ですね。もう少し暖かくなると羽虫も出てくると思います。それと」

的場さんは淡々とそう言って、カメラの液晶画面をこちらへ向けた。細かい穴が幾つも空いた木材は素人目に見ても脆くなっているのが分かった。これでは地震がくれば倒壊してしまうかもしれない。

「見えますか。柱の部分です」

的場さんが指差した先に視線を向けると、思わず息を呑んだ。石の基礎の上に乗った柱、そこに生々しい引っ掻き傷が幾つも走っている。黒く変色した染みのようなものも柱に付着しているが、これは血の跡かも知れない。まるで強引に引きずり出されるのを拒んで、必死に柱にしがみついた痕跡のように見える。

「爪の跡、ですか」

「そうかも知れませんが、断言はできません。かなり古い跡のようですから」

的場さんはそう淡々と言ってから、離れの中へと入っていく。私はとても後に続く気にはなれなかった。かつて此処で何かが起きたことの証左のような気がしてならない。父や祖父は、あるいは曽祖父はこのことを知っていたのだろうか。知っていて尚、それを黙っていたのだとしたら。

何故という疑問が浮かぶと同時に、酷く嫌な予感がした。断片的な情報が繋がり合い、一つのイメージを形作っていく。

「……まさか」

もしかしたら他ならぬ祖父やその親たちが引きずり出したのではないか。少なくとも、そうした行いに加担した。だから後世には伝えられなかった。とても語り継ぐことのできる行いではなかったから。

不意に、床下に潜んでいた誰かを暴力に酔った男たちが強引に引き摺り出し、乱暴に凶器を突き立てるイメージが脳裏を過ぎる。

伯父が見たという鬼の角。

あれは、惨殺された誰かの最期の姿ではなかったか。

「難しいですね」

戻ってきた的場さんはバインダーに挟んだメモの内容に目を通しながら、困った様子でそう言った。申し訳なさそうにしているが、彼のせいではないだろうに。

「傷みが思っていた以上に酷い。基礎の部分もそうですが、座敷の柱にも歪みがきています。小さな地震でいつ倒壊してもおかしくありません」

「建て直すとしたら、どの程度かかりますか」

「……いっそ取り壊してしまいませんか」

「え？」

的場さんはペンを耳に挟んでから、離れと母屋を繋ぐ渡り廊下を指差した。

「木材を侵食するように渡り廊下まで傷んでいます。このままだと母屋にも傷みがくるでしょう。しかし、離れも廊下も建て直すとなれば費用も相当なものになりますよ」

確かに使ってもいない離れを、大金をかけてリフォームする必要はないのかも知れない。

「……取り壊す。そんなことをしてもいいのでしょうか」

「安藤さんから伺いましたが、床下を這い回るというのなら離れごとなくなってしまえば、隠れる場所はもうありません。空いた場所には庭木を植えて整えてあげるのはどうでしょう」

祟られはしないだろうか、という懸念は残るが、このままにしておけば遅かれ早かれ伯父のようになるかも知れない。

「知り合いの外構業者に声をかけますから、大凡《おおよそ》これくらいであれば請け負うことができるかと」

提示された額は概算ではあるものの、手が出せないような金額ではなかった。安藤さんの紹介ということもあるのだろう。

「ありがとうございます。お願いします」

的場さんは口元を少しだけ緩めて頷いた。

「なるべく早く手がけられるようにしたいと思います」

離れの取り壊しは一週間とかからずに終わった。

工事の間、私が恐れていたようなことは何ひとつ起きず、的場さんたちもおかしなことは特になかったという。長年恐れていた離れは呆気なく取り壊されて跡形もなくなり、色とりどりの植木で彩られた新しい庭は以前とは比べ物にならないほど光に満ちて美しかった。

伯父の暗室で見つけた資料は、中身も確かめずに全て捨ててしまった。

縁側に座布団を持ち出して、夕涼みをしていると時折、椿の生垣の向こうに黒い人影のようなものが立っているのを見かけることがあるが、気にしないようにしている。もう此処には隠れられるような場所はないのだから。

安藤さんの忠告は正しかった。

伯父も同じ忠告を受けただろう。しかし、それでも闇の奥にあるものを写そうとした。写さずにはいられなかった。写真家としての業かもしれない。

だが、私は違う。伯父のように死にたくはない。写真家としては私の在り方は二流かも知れないが、あの床下の闇を覗き込まずに済むのならそれでも構わなかった。

能天気な親父のように、知らなくて良いことは知らないままでいい。

グラスに注いだ麦茶を飲みながら、四ツ山の向こうへ沈んでいく夕日を遠目に眺めた。

バス停の影

仮に、森川さんとしておく。

◆

春の雨が降っていた。

会社から最寄りのバス停。そのベンチで文庫本を読みながら、帰りのバスがやってくるのを待つのが私の日課だ。

辺りは滲むように暗く、もう間もなく陽が沈もうかとしていた。

万田坑から程近いバス停を、こんな時間に利用する人間は殆どいない。事務員の私は毎日定時になれば退勤することが出来たが、そんな人間はそう多くはないらしい。

道路の向こうのバス停に、見事な椿の花が咲いているのが見えた。橙色の電灯の明かりの下、雨に濡れる春咲きの椿が美しかった。

心配性な母は車を買って通勤しなさい、と口煩いが、人通りの少ないこんなバス停に誰が来ると言うのか。早く実家を出てしまいたいと思う反面、今更一人暮らしをするのも億劫だった。家事は母に任せてしまえばいいし、遠出をする時には父に送って貰えばいい。車を買うのにもお金がかかる。維持費や諸々のことを考えれば、そんなことは億劫だ。

文庫本の頁を指先で丁寧にめくりながら、文章を目で追いかけていく。表紙に惹かれて購入したものだが、展開が遅く、事態が遅々として進まないのでやきもきする。時間を忘れて読めるような本は、なかなか手に取ることが難しい。

「外れだったかな」

顔にかかった前髪を指で耳にかけた拍子に、ふと視線を上げると、向かいのバス停に人影が立っていた。電灯が逆光になっていて、表情が良く見えないが、どことなく男性のように見える。傘も持たず、ベンチにも腰かけず、真っすぐにこちらを見ているような気がして、少しだけ気味が悪い。

本へ視線を戻し、再び文字を追いかけようとするが、どうにも先程の人影が気にかかった。私の乗るバスは荒尾市内へ向かうが、あちらのバス停は反対、南関方面へと向かうバスの筈だ。

街中とは正反対になる。いつもあちら側に立つ人はいない。

顔を動かさないまま、視線だけをそっと向こうへとやると、人影がもう一つ増えていた。やはり顔や服装は逆光で見えない。酷く嫌な予感がした。

父に迎えを頼もうと携帯電話を開くと、どういう訳か圏外になってしまっている。電話もかからず、メールを送ることすらできなかった。

「なんなのよ、これ」

心臓の音が高鳴り、自分が動揺しているのが分かった。

傘を差して逃げるべきか、とも思ったが、下手に動いて物陰に連れ込まれでもしたらどうしようもない。大の男が二人がかりで抑え込みに来たら、自分の力では抵抗できないだろう。

恐ろしい、と心の底からそう感じた。

いつもならそれなりの交通量がある筈なのに、雨の所為か、一台の車も通らない。もうバスが来てもおかしくない時間なのに、一向にやってくる気配がなかった。

雨粒が天井と、道路の水溜まりを叩く音だけが辺りに響いていた。

夕闇は濃度を増し、やがて等間隔に設置された街灯が点灯していく。淡い光に照らされたアスファルトの道路に影が落ちた。

もう本の内容など、まるで頭に入ってこなかった。

誕生日に友人から贈られた腕時計へと目をやると、本を読み始めてからまだ数分と経っていない。まるで時間が間延びしたように感じられた。

あの男たちは、もう何処かに去ってしまったのではないか。

なんの根拠もない淡い期待に顔をあげると、人影は四つに数を増やしていた。黒い人影はまるで静止画のように、呆然とこちらを見て立ち尽くしている。

恐怖に顔を伏せ、呼吸を止めた。

生きた人ではない、と直感的にそう感じた。奇妙な感覚だった。目の前に確かにいるのに、まるでテレビの映像を見ているように現実感がない。

あれは、きっと見てはいけないものだ。

無視を決め込み、本へ視線を戻す。もはや内容など微塵も頭に入ってこないが、知らないふりをする他になかった。身体を硬くして、貝のように押し黙って本の頁を意味もなく捲る。

バスがやってくるまでの辛抱だ。

不意に、本へ落とした視線の端に黒い足が見えた。煤で汚れた、ごつごつとした裸足の足がすぐ傍に立っている。

ヒュッ、と咽喉の奥が奇妙な音を立てた。

悲鳴をあげそうになるのを懸命に堪える自分を試すかのように、また一人、もう一人と足が増えていく。どの足も黒く汚れていて、あちこちに傷があった。中には爪が剥げてしまっているものもある。

本を読む私の周りを取り囲むように、それらが立ち尽くしていた。

脂汗がこめかみを流れ落ちていくのを感じながら、ゆっくりと頁を指でめくる。今、顔を上げれば何が見えるのか、想像もしたくなかった。

雨音が響き、何処かで蛙の鳴き声がした。

雨の匂いに混じって、煤の匂いがした。

ごくり、と唾を呑み込む音に心臓が止まりそうになる。

どれほどの時間が経ったのか。

視界の右端で眩い光が弾けた。聞きなれたバスのエンジン音が近づいてきて、やがて目の前で止まった瞬間、黒い足はいつの間にか消えてなくなっていた。顔を上げ、すぐさまバスへ乗り込み、空いている席へ腰を下ろす。

耳元で心臓の鼓動が鳴り響いていた。

不意に、視線を向かいのバス停にやると、そこには黒い人影などどこにもなく、代わりに椿の花が四つ、無造作に落ちて転がっているばかりだった。

身震いするように発進したバスの車内で、ふと視線を落とす。

本の表紙に、人の手の形をした黒い煤がついていた。

迷い鬼

仮に、山﨑さんとしておく。

◆

数年程、前の話になる。

二十代で家を建てる、というのは一種のステータスのようなものだった。

都会の人間ならタワーマンションに住むことに近いかもしれない。周囲の羨望を集めたい、という思いは誰にでもあるだろう。

「大丈夫ですよ。御主人様は公務員ですから、年収の十倍くらいなら銀行も融資してくれます。奥様も綺麗な新居で子育てがしたいですよね。任せてください。必ず審査を通してみせますから」

住宅メーカーの親切な営業マンの言葉に背中を押されて、二十代後半に入ったばかりの私たち夫婦は新築の注文住宅を購入した。土地探しからの家づくりは大変だったが、お腹の子どもとの生活を考えれば苦労の内には入らない。

決して駅から近くはないが、理想の家を作るためには多少の不便は仕方がなかった。高専高校が近いので、もし将来そこへ通ってくれるようになれば多少は元が取れるかもしれない。

私が子どもの頃、荒尾市の中心と言えば、荒尾駅の周辺のことだったが、今はグリーンランド周辺に何もかも集中している。市民病院もそうだし、大型の書店もそうだ。

土地が安く済んだとはいえ、夢のマイホームの値段は四千万円を少し超えていた。しかし、夫が安定した公務員であること、私がまだ産休に入っていないので所得合算をすることで無事に住宅ローンの審査をパスすることができた。

ようやく完成した家の引き渡しには、どうしようもなく心が躍った。自分たちが成功者になった気がした。臨月を翌月に控えたお腹を擦りながら胸を撫でおろす。

少なくとも、玄関を潜るまでは心の底からそう信じていた。

「山﨑様、ご覧ください。この美しいタイル。玄関は吹き抜けにして正解でしたね。開放感が違います」

扉をあけた瞬間、ぞわり、と鳥肌が立った。

担当営業の蜂須賀さんの言葉に、夫は満足そうに頷いている。明るくなるから、と勧められて取り入れた吹き抜けだったが、想像していたよりもずっと暗く感じられた。外の光は入ってくるのに、どこか薄暗い。

玄関のすぐ横の扉をあけると、そこはリビングになっていて、奥には私がこだわったアイランド型のキッチンが待ち構えていた。床暖房が入っているので足の裏が温かい。窓の幅も大きく、天井も高くして正解だった。しかし、やはりどことなく暗く感じられるのは何故だろう。

どうにも心が弾まない。全て注文した通りの仕様になっているのに、素直に喜ぶことができなかった。

脱衣所、風呂、トイレ、二階の寝室と、これから生まれてくる子どものための部屋。中二階の収納を確認していきながら、楽し気な夫と蜂須賀さんの後を追いかける。家の中を回るほどに、どうしようもなく胸がざわついた。

どうしてこんなに暗いのだろうか。照明の数が足りないなどということはない筈だ。窓の数だって多い。吹き抜けの高所にも大きな窓を設けているし、室内が暗いなんてことがある筈がなかった。

夫はまるで気にする様子がない。私の気のせいだろうか。

「では、次は御主人様お楽しみのガレージへ行きましょう」

おお、と意気込む夫の袖を引く。

「少し気分が優れないの。ここで休んでいてもいい？」

「大丈夫？　ガレージの方は俺が写真を撮っておくから、あとから家で一緒に確認しよう」

ガレージは夫の趣味の空間だ。おおよその外見は外から確認したので、もう充分だ。中の様子がどうであろうと、私が口だしできるところはない。それよりも今は無理をせずに、ゆっくり過ごす方がいい。

事実、少しお腹が張ってきた。初産なので予定日よりも遅れることが多いというが、ここ最近は忙しくしていたので少し体調が悪かった。

家具の配達は来週、暮らし始めるのとほぼ同時になる。

「ソファだけでも先に入れておけばよかった」

リビングの床の上に腰を下ろしながら、ふぅ、と一息ついた。お尻が冷えるとよくない。床暖房にしていて正解だった。

掃き出し窓の向こうには、雑木林が見える。早くカーテンをつけないと外から丸見えだが、こちら側に家はないので今すぐ困るということはない。

あの雑木林の手入れは誰がしているのだろうか。自治会にも入らなければいけないだろうし、そうなると役員が回ってくることもあるだろう。

ぼんやりとそんなことを考えていると、不意に林の中に立っている人影を見つけた。近所の人だろうか、と目を凝らすと、どうにも様子がおかしい。頭から足まで全身黒づくめ、微動だにしないまま、二つの白い目がこちらへ向いているのが見えた。

どうしてあんなに黒いのだろう。

気味が悪くて思わず視線を逸らし、再び前を向くと人影はもう何処にも見当たらなかった。体つきが、がっしりとしていたのでお年寄りではないようだが、あんな所で何をしていたのだろうか。

がたん、と物音がした。キッチンの後ろにはゴミ出しをする時の為に勝手口を設けてある。そこを誰かが開けようとしたらしい。夫たちが戻ってきたのだと思って立ち上がり、近づいていくと、その向こうに黒い人影が立ち尽くしていた。

ヒュッ、と咽喉が鳴った。あまりの恐怖に声が出ない。斜め格子状にワイヤーの入ったガラスは濁っていて、シルエットしか見ることができないが、間違いなく雑木林に立っていた男だ。

勝手口のドアには鍵がかかっている。だが、見知らぬ男が、あのドアを開けて家の中へと入ってこようとしたのだ。そう思うと心底恐ろしくなった。

「ど、どなたですか」

勇気を振り絞って声をあげた。夫たちは表にいる筈だ。対応はそちらでして貰った方がいい。どんな相手であれ、酷く嫌な予感がした。

「こちらは勝手口です。表からいらしてください。夫が相手をしますから」

震える声でそう言うと、男がそっとドアから離れた。砂利を踏む音がして、男が居間とは反対の方向から表へと回っていくのが分かった。

あとは夫たちが用件を聞いてくれるだろう。そう思って胸を撫でおろしていると、急に玄関の扉が開く音がした。

思わず悲鳴をあげると、慌てて飛び込んできたのは夫の敦だった。

「どうした、茉莉！」

大丈夫か、と駆け寄ってきてくれた敦の腕にすがりついた。

「男の人が、さっき表に出て来たでしょう？」

敦は蜂須賀さんと顔を見合わせて、いいや、と首を横に振った。

「旦那様にガレージを確認して頂いた後、表で少し話をしていましたが、そんな人は誰も。入口からも誰かがやってきた様子はありませんでしたし」

「雑木林です。あの奥の雑木林から黒い男の人がやってきて、勝手口に」

「なんだって」

敦が立ち上がると、血相を変えて玄関から外へ出ていった。そうしてバタバタと家の周りを駆け回って戻ってきた。

「駄目だな。誰もいない」

「本当よ。本当にいたんだから」

「近所の人かな。蜂須賀さん、あの雑木林はどちらの土地なんですか？」

「いや、どうでしょう。荒尾市の土地だと思いますが。万田坑が近いので」

万田坑、と敦が分からない様子で顔をしかめた。

「炭鉱ですよ。史跡が残っています」

「へぇ」

興味の欠片もない様子で相槌を打った。私も夫もそういう歴史だの史跡だのというものに関心がなかった。かつては炭鉱の町だった、というのは聞いたことがあるが、それだけ。私が子どもの頃にはもう閉山していたし、そこで働いていたという人も知らない。敦は玉名市の出身だから、私以上に聞き覚えがないだろう。

「そこに大きな竪坑があるじゃありませんか」

「ああ、やたらとでかくて古い建物か」

「案外、観光客が迷って出てきたのかも知れませんね。大丈夫ですよ。そう何度もあることじゃありません」

蜂須賀さんはそう朗らかに言って、引き渡しの続きを再開した。

完成した家にはなんの不満もないが、妙な薄暗さとあの雑木林にいた黒い男のことが頭から離れなくなってしまった。

◆

翌月、長男の湊を無事に出産した。里帰り出産だったが、産後の肥立ちがよかったので半月ほど早く家へ戻ると、敦の様子が目に見えておかしかった。

仕事が忙しく、なかなか実家に顔を出すことができなかった敦とは毎日電話で話をしていたが、想像していたよりもずっと疲れている。家の中は奇麗に保たれていたが、単純に家にいる時間がなかったのかも知れない。

「ほとんど寝る為だけに帰って来ていたけど、慣れない家に一人だとなかなか寝つけないもんだな」

「大丈夫？　少し寝てきたら？」

「いや、湊の顔を見たら元気になったよ。はは、小さいなぁ。頑張らないとなぁ。でっかくしないと」

しみじみと繰り返す夫を見ていると、なんともいえず幸せな気持ちになった。これから新しい家で家族三人、幸せになるのだ。

しかし、新生児のいる生活は親や友人たちから聞かされていたよりも、遥かに大変なものだった。二時間おきの授乳をしながら、家事もしなければならず、敦は出張が増えて家を空けることが増えた。その割に給金にあまり反映されていないように思えてならない。実家が近いのが幸いして、いつも父と母がなにかれと持ってきて孫の相手をしたり、家事を片づけてくれた。義理の両親ではこうはいかない。どんなに遠慮はいらない、と敦が言っても、頼る気にはなれなかった。そんな私に気を遣ってくれている姑は、一度も勝手に家へやってくるような真似はしなかった。

子育ては人の手を借りて、ようやくなんとかなったが、それよりも切実なのは住宅ローンの返済だった。月に約十二万円の支払いの負担はやはり大きい。公務員なのでボーナス払いを入れてもよかったが、それほど大きな自治体ではないので油断はできなかった。公務員というだけで銀行は沢山の融資をしてくれたが、返済可能かどうかという点は審査してくれたりしない。蜂須賀さんは自信満々だったが、収入だけで家計の内容を把握していない人がどうして返済可能かどうか分かると言うのか。

私たちは自分たちの安易さを呪ったが、今更どうしようもない。湊が一歳を迎えたら保育園に入れて職場に戻るしか、家計の収支を安定させる方法はなかった。

湊が産まれて半年ほど経った頃、異変が起きるようになった。

夜、眠っていると外で誰かの足音がする。家の周囲は植栽をし、下には石畳を敷いて貰ったが、それ以外は砂利を敷き詰めたままになっていた。その砂利を誰かが踏む音がする。

最初の頃は、敦が飛び起きてライトを持って外へ飛び出していたが、外へ行くと足音は消えてしまう。そのくせ、見に行かないと朝までずっと砂利を踏んで歩き回った。

子育てで疲れていた私には、そんなことに頭を割く余裕などなかった。害がなければ放っておけばいい。いつかそのうち消えてなくなる。そう思っていた。

その日、私はどうしても外すことのできない急用が出来てしまい、湊を母に預けて家で留守番をして貰うことになった。ほんの三十分ほどの外出だが、出産からずっと湊と離れたことのなかった私にとって、それは半年ぶりに訪れた自由時間だった。子どもを産むまではこんなに身軽だったのか、と新鮮な気持ちになった。

市役所で用件を済ませてから、お昼ご飯のお弁当を母の分も買って帰ることにした。母の好きなチキン南蛮ならきっと喜ぶだろう。

家へ帰り着くと車をガレージへ停める。シャッターを下ろしてから玄関へ向かうと、妙な匂いがした。焚火の時の煤けた匂いだ。近くで何か燃やしているのだろうか。実際、家の庭で紙やゴミを燃やしてしまう人をよく見かけた。

「ただいま」

鍵を外してから玄関のドアを開くと、ドアロックがかかっていたのか、激しい音を立てた。母が内側からロックをかけたらしかった。

「お母さん、ドアロック外して。今戻ったから」

ドアの隙間から家の中へ声をかけた。奥の方で、物音がして酷く怯えた様子の母が顔を出した。腕の中には湊が抱かれているのが見える。

「茉莉？」

「ええ、そうよ。ここ、開けて。入れないわ」

母は眉間に皺を寄せながら、私の顔を注意深く見ていた。母の様子がおかしい。

「どうしたの？　なにかあったの？」

気まずそうに頷いて、それからそそくさと廊下を小走りでやってくると、強張った顔でドアのロックを外した。

「ロックまでかけて、どうしたの？」

お昼買ってきたから一緒に食べよう、と母に声をかけたが、返事がない。表情を固めたまま顔をあげようとしなかった。母はどちらかといえば、お喋りな人だ。聞いてもいないことをべらべらとよく話す。それでいて、人の心の機微に鋭いので友人も多かった。そんな母が黙り込んでいるのは、余程のことがあったのだとすぐに分かった。

「お母さん。どうしたの。ちゃんと話してくれないと分からないわ」

「なんでもないの」

リビングのテーブルの上へ買い物袋を下ろしてから、洗面所で手を洗って丹念にうがいをする。乳児を抱えて風邪をひくわけにはいかない。

「ありがとう。湊、貰うわ」

ええ、と母は湊をこちらへ抱き寄越すと、肩の荷が下りたようにホッとした様子でソファへと崩れ落ちるように腰を下ろした。

「ちょっと、大丈夫？」

「ええ、ええ。大丈夫よ。ただ少しびっくりして」

母は青い顔でそう言うと、顔を伏せたまま窓の外、庭の先にある雑木林を指差してみせた。

「黒い人がいたの。あんな所でなにをしているのかしら、と思ったけど、それだけで。暫くしたら、チャイムが鳴って。駄目ね、お母さん。自分の家にいる時みたいに、つい玄関を開けて出ちゃって」

まさか、という思いがした。

「玄関先にね、いたのよ。黒い男の人が。よく見たら、煤で汚れたみたいに頭から爪の先まで真っ黒でね。服も着ていないの。襤褸ぎれのような褌《ふんどし》をつけていたけど、それも煤で黒くなっていたわ。目だけがね、白いの」

母は誤魔化すように笑っていたが、声はどうしようもなく震えていた。

「なんなのかしらね。恐ろしくて、恐ろしくて。何の御用ですかって、聞いたの。そしたらね、ゆっくりと口を開いて言ったわ。『どこへいったらよかっちゃろうか』って。何も答えられなくて怖がっていたら、急に消えてしまって」

あんな恐ろしい目に遭ったことはないわ、と母は頭を抱えた。

「茉莉、なにか知らない？」

「私も見たわ。引き渡しの日に雑木林の中にいたの。いやだ、家を訪ねてくるなんて。気持ち悪い。警察に相談した方がいいかな」

「そうね。何かあってからじゃ遅いものね。敦さんにも相談してみてくれる？」

母はそう言いながらソファを立つと、自分の鞄を肩にかけた。

「もう帰るの？　お昼ご飯買ってきたから、一緒に食べない？」

「ありがとう。でも、食欲がないのよ。さっきから頭も痛いし。風邪だと困るから、病院に行ってから帰るわ。茉莉も気をつけなさいね」

母は最後に、湊のまだ柔らかい髪を愛おしげに撫でると、手を振って家を後にした。湊を抱いて家の外まで母を見送り、敷地をゆっくりと確かめるように出ていく母の車を眺めて悪いことをしてしまったと思った。

その晩、母が倒れた。

床に就く間際、何気ない話を父としている最中に急に鼾《いびき》をかき始めたという。父は当初、何かの冗談だと思ったようだが、呼びかけても応答がない。これはおかしい、と救急車を呼んだ。母はすぐに市民病院へ搬送され、緊急手術をすることになった。父から連絡を受けた私は湊を敦に任せて、車に飛び乗った。道中のことはなにも覚えていない。気がつくと、病院で父と二人、手術が終わるのを待っていた。

「頭が痛いと言っていたんだ。頭痛薬を飲んで寝たら治ると言って。病院に行ったのかと聞いたら、休診日だったというから明日朝一で診てもらおうと話していた。こんなことなら、もっと早く行くべきだった」

懺悔するように話す父の声は震えていた。大きな体を小刻みに震わせる父の背を撫でながら、母の無事を祈ることしかできなかった。父と母は昔からよく口喧嘩をする夫婦だったが、互いに確固たる信頼があるのは子どもも心に分かっていた。どちらかといえば依存しているのは父の方で、娘の私のことよりも母を第一に考えている節さえあった。

「普段から、もっと一緒にいてやればよかった。再雇用して貰えなくてもいい。上司の心象なんかの為に、あいつに寂しい思いばかりさせてしまった」

ようやく手術が終わる頃には、すっかり空が白んでいた。手術室から出てきた医師の沈痛な表情を見て、すぐに結果が分かってしまった私は思わず膝から崩れ落ちて尻餅をついた。父は呆然と壁によりかかり、一言も発さなかった。

「残念です。急性の脳梗塞でした。鼾をするのは、その典型的な症状です。すぐに救急搬送したのも適切な行為でした。御家族に落ち度はなにもありません。ですが、開頭した時には既に」

父と同世代の医師は憔悴しきった顔で深々と頭を下げた。戦っていたのは母ばかりではなかった。

感謝の言葉は、嗚咽で声にならなかった。

◆

母の四十九日が終わったのを機に、父が一人残る実家とは別に、我が家にも小さな仏壇を置くことにした。一見すると仏壇には見えない、近代的なモダンなものだが、敦が嫌がるかもしれないと危惧していた。

「仏壇だろ？　置けるのなら置いた方がいいよ。大きくなった湊が手を合わせてくれたなら、きっとお義母さんも喜ぶ」

「ありがとう。反対されるかと思った」

しないよ、と笑う敦は、私が母の死に憔悴していた間、率先して湊の世話をしてくれた。家事もいつの間にか終わっていることがあり、本当に感謝している。この人と結婚してよかったと改めて思わずにはおれなかった。

「仏壇には魂入れをして貰わないといけないんだろ？」

「そうなの。頼んでもいい？」

「そりゃあいいけど、どこの寺に頼めばいいんだろうね。ほら、お葬式の時に頼んだお寺があんまり良くなかったろう？」

他所の土地から越してきた実家には菩提寺がなかったので、葬儀社から紹介して貰った寺に葬式、戒名、四十九日と納骨までお願いしていたのだが、為人《ひととなり》が私たちとは合わず、無駄な苦労をしてしまった。求められたお布施も相場よりかなり高く、戒名についても母の名前を一字入れてくれるよう父が頼んだのだが、頂いた戒名にはそれが反映されていなかった。それで四十九日に酷く揉めてしまった経緯があった。

「お経があがるなら、どこだっていいんじゃないか？」

「そうね。あのお寺ほど酷い所もそうないわよね」

電話帳の一番最初に載っていた寺へ電話をかけてみると、檀家でなければお経を上げることはできない、と一蹴されてしまった。あまりに素っ気ない態度だったので驚いたが、二つ目も三つ目も似たり寄ったりの反応が返ってきた。

こうなると困るのはこちらの方で、なんとかお願いしたいと食い下がるが、中々首を縦に振ってくれる所は見つからなかった。

『はい。いいですよ。ご自宅へ伺えば宜しいですか』

そう二つ返事で承諾してくれたのは福正寺というお寺で、早速明日来てくれるという。お布施についても相談したが、明確に提示してくれたので助かった。少なくとも最初に揉めた寺よりも遥かに安い金額だった。

『では明日、魂入れにお伺いします』

電話の向こうから聞こえるしわがれた声は、高齢の男性のものだった。

翌朝の土曜日。

夫と二人で庭の草むしりをしていると、一台の古いスクーターに乗った年老いた住職が敷地の中へとやってきた。約束の時間よりも少し早い。

「おはようございます。福正寺です」

痩せた小柄な住職は一見して温和そうで思わず胸を撫でおろした。しかし、想像していたよりもずっと高齢に見える。

「おや、可愛らしい」

ベビーカーの湊を見てあやすように変な顔をしてみせた住職は、不意に顔をあげると奥の雑木林の方へ目を向けた。その鋭い眼差しに思わず息を呑む。

「あの」

声をかけると、目元を柔らかくしてにっこりと微笑む。

「ああ、どうも。改めまして。福正寺の住職を務めております。仲志純《なかしじゅん》と申します。愛らしいお子さんですね。お幾つですか？」

「七か月です」

「利発そうな顔をしていらっしゃる。少し早いですが、よろしいですか？」

「はい。よろしくお願いします」

「支度をいたしますので、着替えさせて頂いても？」

どうぞどうぞ、と敦が緊張した様子で家の中へ招き入れるのを見ながら、湊のベビーカーを動かそうとして違和感を覚えた。

「湊?」

いつもなら私が近づくと嬉しそうに両手を上げるのに、こちらを見ようともしない。指を咥えたまま、真っすぐに暗い雑木林を見ている姿に背筋が震えた。

急いでベルトを外してから胸に抱きあげて、家の中へと逃げるように駆けこむ。背後から刺すような視線を感じたが、振り払うように無視して玄関へ飛び込み、ドアの鍵をかけた。

胸に抱いた湊の瞳が、玄関の向こうをじっと見つめている。

「茉莉」

敦の声にはっと背中を叩かれたような気がした。

「大丈夫か。顔が真っ青だぞ」

「うん。平気」

大丈夫、と答えながら湊を抱き直した。特に変わった所はない。柔らかくて、それでいてずっしりと重い。少しずつではあるが、確実に赤ん坊から子どもになりつつあった。

「ご住職は?」

「着替えていらっしゃるよ。和室を作っておいて正解だったな」

「珍しく畏まってたね」

「大きな寺かどうかは知らないけどさ、あの人は立派な方だよ」

間違いない、と妙に自信満々で言うので思わず笑ってしまった。

「なに、それ。さっき会ったばっかりじゃない」

「俺さ、仕事柄あちこちのお偉いさんに会うんだよ。大概の人は偉そうな人って感じで大した人間じゃないんだけどさ、たまに本当に偉いんだなって思わせられる人がいる。あのお坊さんもきっと偉い人だ」

語彙力がないので、いったい何が言いたいのかよく分からない。でも、先日のお坊さんのように横柄でないのがいい。母を失い、死を悼んでいる私たちに寄り添ってくれることが、あの人はなかったように思う。

「お布施、あれくらいで足りるのかな」

「でも、提示された額は用意したわよ」

きっと相場よりも安いのだと思う。私も、もう少し包みたいという気持ちがない訳ではないが、今うちの家計にそんな余裕はない。

そうこうしていると、和室の襖が開いて「終わりました」と声をかけられた。リビングへ現れた住職は立派な袈裟を羽織り、背筋を伸ばして尚のこと厳粛に見えた。

住職はしげしげと小さな仏壇を見つめ、それからにっこりと笑う。

「お母さん、良かったですね。ご家族の集う居間に仏壇を置いて貰えて。幸せなことですよ。我が子らが手を合わせて冥福を祈る。これ以上の供養はありません。さぁ、こちらへどうぞ」

昨夜のうちに買ってきた真新しい座布団に住職が腰を下ろして、その後ろに私たちが座る。平服で構わない、と仰って頂けたのも有難かった。

住職が慣れた手つきで仏具を並べていると、不意に玄関のチャイムが鳴った。インターホンの音に思わず立ち上がった私の手を、住職の手が優しく掴んでいた。

「奥さん。座って。出てはいけません」

代わりに住職が立ち上がり、応答ボタンを押すと、インターホンの液晶画面に全身が真っ黒に染まった男が映し出された。煤で汚れているのか、斑に赤みを帯びた肌色が見える。黒に混じった赤は、乾いた血の色のようだった。白い二つの双眸がぎょろぎょろと左右に動いていた。

雑木林にいた男だ、とすぐに分かった。

『どこにいったら、よかっちゃろうか』

方言のきつい抑揚のない、罅割れた声に鳥肌が立つようだった。

「勝立の丘へ、みんな行きなさったよ」

住職が心得ていたようにそう返すと、男は呆然とした様子で踵を返した。あらわになった男の後頭部は何かで激しく叩きつけられたかのように、大きく陥没して中身がこぼれてしまっていた。

足を引きずりながら去っていき、やがて見えなくなった。

「まずはご法要をさせて頂きましょう。説明はまた後ほど」

私たち夫婦は呆然としながら、数珠を手に合掌した。

朗々と読み上げられる読経の声が、家の隅々まで満ちていくようだった。

やがて焼香をあげて一礼すると、住職は母の遺影へ視線を投げた。

「まだ随分とお若いですな。もしや、先のあれに遭われましたか」

「私が留守の時に母が応対に出たんです。その晩に亡くなりました。あの、さっきのあれはなんなのでしょうか。頭が、その」

袈裟を整えてこちらを向き直った住職は、少し間をおいてから静かに話しはじめた。

「この辺りは昔から、あの黒い人間を見たという話がありました。万田坑があるでしょう。あそこで働かされていた囚人だと私は思っているのですが、確かめたことはないので分かりません」

「囚人が、炭鉱で働いていたのですか」

「ご主人、三池炭鉱の歴史は大変古く、明治まで遡ります。戦後はそれはもう賑わい煌びやかでしたが、囚人が過酷な労働を強いられてきた時間の方が遥かに長いのです。その間に亡くなった人は数えきれないと言います。すぐそこの万田坑でも暴動が何度も起きていましてね。逃げ出した者もいたそうですが、すぐに見つかって叩き殺されたと言います」

混乱の最中に逃げ出した煤塗れの真っ黒な囚人が身を隠すように雑木林へ飛び込み、懸命に逃げる姿が脳裏を過るようだった。きっとその最中に捕まり、殺されてしまったのだろう。

「魂だけが、今も彷徨っているんですか」

「仏教の教義でいえば、魂は六道を巡ることになるでしょう。しかし、眩い光に照らされた影が焼きつくように、今際の際が残っているのかも知れません」

不意に、修学旅行で訪れた広島で聞いた話を思い出した。原爆が炸裂した閃光に灼かれた人の影が、その場に焼きついてしまったという話。

「囚人の霊が出るという話は年寄の間では広く知られていました。今の若い人は囚人労働のこともご存知ないから、最初からそんなものはないと思っていらっしゃる。しかし、ああして酷い染みのように土地に残るものもあるのです」

住職は裾を揃えて立ち上がりながら、窓の外の雑木林を真っすぐに指差した。

「もし、またアレが尋ねてくるようなら、先のように仰るといい。私も先代から教わりました。『勝立の丘へ、みんな行きましたよ』と」

「勝立というと、大牟田の地名ですよね」

「そうです。勝立の小さな丘に囚人たちの埋葬地があります。そこに元看守の方が建てた供養塔があるのです。そこへ行くよう導いてやる他にはないでしょう」

「お祓いというか、供養して貰えばいなくなるものではないんですか」

夫の言葉に、住職は沈痛な面持ちで首を横に振った。

「本当に数えきれない数の囚人が亡くなっているのです。埋葬するのが間に合わず、枯れ井戸に次々と遺体を放り込み、病で動けない者まで生きたまま投げ入れたと言います。夜な夜な呻き声が聞こえてくるので、当時は井戸に近づく者さえいなかった、とも。それほど強い恨みつらみは、そう簡単に消えるものではありません」

「ここから越した方がいいでしょうか」

「どうでしょう。曰くがない土地などあるでしょうか」

住職は目を細めて、雑木林を神妙な面持ちで眺めた。

「業のない場所などありませんよ。その土地の過去と向き合う他はないのです」

◆

あれから四年の月日が流れたが、あの黒い霊を見かけたことはない。

あの後、一度だけ勝立の丘にある解脱塔と呼ばれる慰霊碑に家族で出かけたのがよかったのかもしれない。慰霊碑の隣にある地蔵菩薩像の下が、例の枯れ井戸になっているのだという。

そこは思っていたよりも寂れていて、参りに来る人が多いようには見えなかった。世界遺産になった炭鉱遺産群の影で、こちらは相変わらず陽が当たらぬまま忘れられようとしている。

福正寺のご住職には、母の命日や盆参りに度々来て頂いていたが、昨年の暮れに体調を崩してしまい、そのまま帰らぬ人になってしまった。住職にはお子さんがいなかった為、寺は他所から来た若い住職が継いだが、私たち家族とは相性が悪く、檀家もやめてしまった。

湊は四歳になり、活発な男の子に成長した。小枝を握りしめていつも庭を駆け回り、まるで言う事をきかない。いつも「探検」と称して、敷地の外へ出ていこうとするので目が離せなかった。

最近、息子が描く絵には紛れ込むように黒い人間が描かれている。目だけを白抜きで描かれたそれは、いつも家の外、紙の端にひっそりと立っていた。

「また、くろいひとがいるよ」

雑木林の中を指差す息子を見ていると、きっと近いうちにあの言葉を使う日が来るのだろうと思う。

家を売り払って越してしまいたいと思うこともあるが、曰くのない土地などないと言った亡き住職の言葉が思い出された。

それに。

万が一、万が一にも越した先にまでアレが着いてきたらと思うと、どうしてもそんな気にはなれなかった。

風に揺れる木々を遠目に眺めて、あれらの視線を遮るように、そっとカーテンを引いた。

仮に旧田《ふるた》さんとしておく。

◆

でんしゃ

黄色い小さな雨合羽を着て喜んでいる隼也は、先日四歳の誕生日を迎えたばかりだ。

雨降りの最中に外へ出かけるのが好きで、こうして朝から雨が降ると決まって外へ出たがった。カタツムリやダンゴムシが幼い息子の好奇心の対象で、まだ同い年のお友だちはその対象にはならないらしい。

三歳児検診の際に発達に遅れがあることを、随分と遠回りな表現で言い含められた時には夫と二人で頭を抱えたものだが、当人は至って幸せそうなのであまり深く考えないことにした。

どんな子どもにも得意不得意がある。ぼんやりとした所も息子の個性だと思えば、それほど胸は痛まずに済んだ。

隼也は昆虫が好きだが、悪戯に掴み取って集めようとはしない。虫篭も欲しがらず、ただ眺めているだけで満足する、心根の優しい子なのだと思ってしまうのは、親の欲目だろうか。

「隼也。そろそろ帰ろう。お腹空いたでしょう」

まだ帰るつもりがないのか、そもそも耳に入っていないのか。こちらに背を向けたまま、膝を抱えて紫陽花をしげしげと観察している様子は、まだ当分終わりそうにない。

「ねぇ、隼也」

こうなってしまうと、もう梃子《てこ》でも動かない。

宮原の公園に、他の家族の姿は見当たらない。アパートから徒歩数分の場所にある、この小さな公園の存在は有難かった。目新しい遊具はないものの、滑り台とブランコがあるだけでも随分と違う。昼間に疲れ果てるくらい遊ばないと、中途半端な時間に眠って夜に寝つかなくなってしまうからだ。とはいえ、こんな雨の中でいつまでも遊び回らせる訳にもいかない。

「ねぇ、もう帰るよ」

不意に隼也が立ち上がった。そうして、目の前の小さな道を指差す。

「どうしたの」

「でんちゃ」

舌足らずなりに、電車、と言っているのだろうか。

小さな男の子は乗り物が好きだと言うけれど、隼也もその例に洩れず、車や電車を眺めるのが好きだった。家の中ではいつもお気に入りの電車の玩具を手放そうとしないし、線路を走る車輪の音が聞こえればすぐに見に行こうとする。

「電車はまた今度、見に行こうね」

しかし、隼也は首を横に振って、目の前の道を指差したまま「でんちゃ」と繰り返した。

もしかしたら電車のことではないのかもしれない。隼也の視線が道路にいる何かを追いかけるように、ゆっくりと右から左へと動いていた。とても電車の速度ではない。

僅かに雨に煙る道を指差して、もう一度「ママ、でんちゃ」と言った。

私には最後まで、息子の言う、それのことが分からなかった。

◆

夜、帰宅した夫に昼間のことを話すと、鼻で笑われてしまった。

「四歳児の言うことを真に受けてどうするんだよ」

馬鹿だなぁ、と夫はせせら笑うように言って、グラスに注いだビールを飲み干した。まだ四つになったばかりの息子は未だに乳を吸おうとする。それがどことなく不安で、まだお酒を控えている私のことを三つ年上の夫は少しも顧みようとしなかった。

「だって気味が悪いじゃない。何もないのに、そんなことを言うなんて」

「意味なんかある訳ないだろ。あんな所、線路も何もないのに」

「昔は通っていたとか？」

柳川出身の私は、この辺りのことにどうしても疎いが、夫は生まれも育ちも荒尾市内だ。義理の両親は同居を望んでいたが、私が頑として嫌がったので、同居の話は立ち消えになった。

「炭鉱用の線路があったのは聞いたことがあるけど、もう随分と昔に廃線になっているしなあ。車輛だってコンテナに近いだろ。隼也の知っている電車とは形も違う」

「そうね」

「三池港へ続いていたらしいけど、今は遺構が残っているだけだ」

「どうして港へ続いているの？」

「石炭を船で運ぶ為だろう」

「ああ、なるほど」

炭鉱で採掘した石炭を港へ運び、船に積載して輸出する。そう考えれば、線路は当然あって然るべき気がした。あまり実感を持ったことがなかったが、つくづくここは炭鉱の町だったのだ。

「俺も詳しくはないけど、とにかくもう電車は走ってないよ」

では、どうして隼也は電車などと言ったのだろう。何かと見間違えたのだろうか。あの時、確かに息子の目は私には見えない何かをゆっくりと追いかけていた。

「考えすぎだって。子どもの言うことだ」

夫は普段から息子と積極的に関わろうとしない。気が向いた時だけ、自分が構いたくなった時にしか相手をしようとしなかった。隼也が描いた絵を幾ら見せようとしても、携帯電話の画面を見たまま視線を外そうともしない。忙しいと理由をつけて、子どもの相手をしようとしない事がなにより不満だった。

「そんな言い方をしなくてもいいじゃない。隼也だってちゃんと周りを見ているわよ」

父親から無碍にされたら傷つくし、悲しくて泣くことだってあるのをこの人は知らないのだ。夫は息子を私の付属品くらいにしか考えていない節があった。発達障碍の話が出てから、それが顕著になったように思えてならない。

「ねえ、休みの日くらい隼也の相手をしてあげてよ」

「ああ」

テレビを見ながらビールを片手に答える姿に、もう怒る気力も湧いてこない。家の中に子どもがもう一人いるようだ。

「仕事があるんだ。休みの日くらいはゆっくりさせてくれよ」

免罪符のように仕事のことを言って来られると何も言えなくなる。実際、専業主婦でいられるのは夫のおかげだが、元々私が会社を辞めたのも夫が家事を分担するのを嫌がったからだ。

役割分担だと私は思っている。仕事は夫、家事は私。ただし、育児は違う筈だ。隼也は私たち二人の子どもなのだから、育児の負担も半分で然るべきだ。いや、少なくとも半分は関わるつもりでいて欲しかった。

仕事が忙しくても、心を割いてくれていれば不満はないのに。

「なぁ、ビール」

こちらを見向きもいないで、無愛想に空になったグラスを差し出してくることに心底辟易した。亭主関白だった父のことが脳裏を過ぎる。前触れなく怒鳴りつけてくる父に、母はいつも従順にふるまい、あるいは沈黙することで我が身を守っていた。ああはなるまい、あんな伴侶は選ぶまいと思っていたが、失敗したかもしれない。

冷蔵庫へ新しいビールを取りに行きながら、かつての自分を呪わずにはいられなかった。

◆

翌日も朝から雨が降った。

隼也を連れて病院へ予防接種に出かける為に早起きしたというのに、出かける直前になって急にトイレに行ったり、母子手帳が見つからなくなったりと何かとトラブル続きで、家を出る頃にはすっかり疲れ果ててしまった。

合羽を着て電動自転車の後ろへ隼也を乗せながら、こういう時に車があればと思わずにはいられない。経済的な余裕があれば二台持ちができるが、今の家計ではかなり難しかった。

「大人しくしていてね。危ないからね」

救いなのは隼也の機嫌が良いことだ。これで駄々をこねられたら、何もかも放り出してしまいそうになるところだった。

細かい雨が鋭く合羽を叩く音を聞きながら、自転車のペダルを漕ぐ。まっすぐに延びているこの小さな道は、車の通りも意外に多い。

暫く進むと、不意に隼也が私の背中を叩いた。

「なに、どうしたの？」

後ろへ声をかけると、必死に何かを伝えようとしていたので、自転車を道の端へ停めた。

隼也の大きな瞳が真っすぐに、雨に煙る道の先を凝視していた。長い睫毛の上に雨粒が乗っている。丸い頬が僅かに上気していた。

「ママ。でんちゃがくるよ」

気温が少し下がったように思う。こんな小さな道に電車などある筈もない。しかし、この道を戻った先には昨日の公園があった。

「でんちゃ」

その時、一つ先の電信柱の近くで、雨に濡れたアスファルトを踏む音がした。連なるような足音が聞こえ、やがて目の前の水溜まりが何かに踏まれたように揺れて波紋を立てる。目には見えない何かが、雨粒に打たれて浮かび上がるようだった。

「みんな、みてるよ」

応じるように手を振り始めた隼也の目を咄嗟に覆い、私も顔を逸らした。

足音は長い列のように私たちのすぐ傍をパシャパシャと進み、やがて何処かへ去っていった。時間にすればほんの数分の出来事だったが、じっとりと冷や汗をかいていた。

「ママ」

あどけない声に我に返る。笑顔の息子を見ながら、思わず泣きそうになった。あれはなんだったのか。何と行き当たってしまったのだろうか。

このまま呆然と立ち尽くしている訳にもいかず、震える足でどうにかペダルを蹴り、ともかく病院へと自転車を漕いだ。

足音が追いかけてきたらどうしようか、と思ったが、それは杞憂に終わった。

病院へ行くと思いの外、患者さんが多い。小児科の受付にも大勢の親子連れがいて座れる場所を見つけることすらできそうにない。

出遅れた、そう思うと徒労感に襲われそうだった。懸命にやっているのに、いつも思うような結果にならない。

「ここ、どうぞ」

ソファに腰掛けた、私よりも少し年上のお母さんが奥に詰めてくれた。

「すいません。ありがとうございます」

会釈しながらソファに深く腰をかけると、疲れが溶けて出ていくような気がした。

ちょうど同い年くらいの子が、騒がしく通り過ぎていった。いかにも活発でクラスの中心にいそうな明るい男の子だ。喧嘩もきっと強いのだろう。

夫は、きっとああいう子供が欲しかったのだ。一緒にフットサルができるような、誰に会わせても恥ずかしくない子供を期待していた。隼也がお腹の中にいた頃は、毎晩のようにサッカーのことをお腹に向かって話していたが、いざ生まれてきた息子がボールに全く関心を抱かないことに夫は失望したのだろう。

確かに他所の子どもに比べて隼也は大人しい。今も窓から外をぼんやり眺めているだけだ。しかし、大声をあげたり、癇癪を起こすこともない。いつも穏やかで、誰にでも優しい。鈍臭いという者もいるだろうが、のんびりとしていて何が悪いのか。

思い返してみれば、隼也は赤ん坊の頃から少し不思議な所のある子どもだったように思う。何もない場所に向かって手を振ったり、家族の絵に知らない人を書き込んだり、実家の仏壇の前から動かなくなったりすることがあった。今回の電車というのも、そういうものなのかもしれない。

幼い目を持つ、無垢な子どもには見えているものがあるのかも。

あんな小さな道を走る電車。

夫の言うように忘れてしまえば楽なのだが、さっきの出来事はそうそう忘れられそうにない。

何も見えないのに、確かに何かがいるような気がした。ああいうものを気配と呼ぶのだと身を以《も》って知った。思い出すと今でも背筋が震える。

夫に話せば、信じて貰えるだろうか。

自問しながら、すぐに無理だと思った。夫は我が子のことさえ正面から向き合おうとしない。そんな人がどうして目に見えないものを信じられるだろう。

「ああ、面倒臭い」

思わず声に出てしまっていた。

「大丈夫?」

声をかけてくれたのは隣に座る、先程の親切な女性だった。元々は髪を明るく染めていたのだろう。生え際だけが黒く地毛の色に戻ってしまっていた。それでも身なりがきちんとしていて表情も明るい。

「すいません。変なことを口走ってしまって」

「いいの、いいの。私もよく面倒臭くなって投げ出したくなるもの。計画していたことが上手くいかなくて、子どもに怒鳴ったりしてね」

「そうなんです。なんだか自己嫌悪になってしまって」

「皆、そうよ。ちなみにあっちでテレビを眺めている半袖の子がウチの次男」

指差した方へ視線を投げると、確かに一人だけ半袖姿の小柄な男の子が立っている。歳はうちの子よりも少し年上かもしれない。六月とはいえ、今日は三月並に冷える。こんな日にどうして半袖なのだろうか。

「今日みたいな寒い日に、どうして半袖なんだって思わない？」

「え」

思っていたことを言い当てられて、思わず動揺してしまった。

「長袖は嫌だって泣き喚くの。もうお手上げ」

うんざりした様子でそう言って両手を上げる。

「頑固者なの。親の言うことなんて全然聞かなくって。先が思いやられるわ。長男があんまり主張のない子だったから、こんなに手がかかるなんて。これも個性だって思わないとやってられないわ」

「その気持ち、少し分かります」

「お子さんは、あの子？」

「はい。ぼんやりとした子で」

「お幾つ？」

「四つです」

「うちの子とひとつ違いね。大人しくて羨ましい」

お世辞でもそう言って貰えるのが、今はただ嬉しかった。

親切な先輩お母さんは名を紗織さんと言い、聞けば実家が宮原にあるという。

「宮原にアパート見つけても良かったのだけどね。うちの人がどうしても気味悪がって」

「え？」

「こんなことを言うと馬鹿みたいなんだけど、うちの旦那って俗に言う霊感みたいなものがあるらしくって。宮原は怖いから嫌だって聞かなくて。私が里帰りしている時も会いに来ようとしなくて。うちの母から叱られたくらい」

可笑《おか》しいでしょう、と紗織さんは楽しそうに笑う。しかし、私は素直に笑うことが出来なかった。

「あの。宮原って怖い所なんですか？　殺人事件があったとか」

まさか、と紗織さんは朗らかに笑う。

「うちの人が怖がりってだけ。ただ大昔に宮原坑って炭鉱の入り口があったのよね。今はもう閉山して入り口も埋められているのだけど。そこで大勢の囚人が死ぬまで働かされていたらしいの。聞いたことない？」

「いえ、初めて知りました。炭鉱があった、というのは知っていましたけど」

「目と鼻の先よ。遺構も見学できるわ」

柳川市は大牟田市と隣接していると言うのに、炭鉱の歴史は殆ど知らなかった。いや、周りには知っていたという人も大勢いるかもしれない。ただ単純に私が知ろうとしなかっただけ。

「凄く過酷な労働でね、大勢亡くなったそうよ。ほら、三池工業高校ってあるでしょう。確かあの辺りに刑務所みたいな所があって、そこから宮原坑まで毎朝歩かされていたんですって」

今朝、雨の中を歩いてきた足音たちのことが脳裏を過ぎった。

まさか、という疑念があり、同時にこれだという確信があった。

死後も炭鉱へ向かおうとしているのだろうか。もしそうなのだとしたら、酷く恐ろしい気がした。

「大昔の話よ。私たちにはもう関係ないわ」

そうですね、と愛想よく相槌を打つことが出来なかった。

死者の列が目の前を横切って行ったのかもしれない。そう思うと堪らなく怖かった。

◆

炭鉱の話を聞いて以来、あの道だけは通らないように心がけた。

あれから夫とは一度、大喧嘩をして離婚する寸前までいったが、互いの言いたいことを伝え合ったせいか、以前よりは歩み寄れているような気がした。

口論が効いたのか、彼なりに思うところがあったのか。夫は隼也と休日を共にすることが増えた。何をせずとも同じ時間を共有していく中で、少しずつ育まれていくものがあると今は考えている。

隼也は五つになり、年中からようやく幼稚園にも通い始めた。絵を描くのが好きで、いつも時間さえあればクレヨンを手に画用紙にしがみつくように集中している。集団行動は苦手だし、お友達もなかなか出来ないようだが、当人は至って楽しそうだ。

夕方になると、いつも窓際から外の様子を眺めて、家路につく人たちへ無邪気に手を振っている。バイバイ、と大きな声をあげて。

しかし、何度教えても電車の絵だけが、おかしかった。

隼也は電車と言うと、笠を目深に被った人間が二列に並んで歩いている様子を描いた。妙にリアルで生々しい、五歳とは思えない絵をクレヨンの色を重ねて描き出す。

それはまるで、かつての囚人が連れていかれる様子のように見えた。

「でんちゃ」

幼い目には、何が見えているのだろう。

隼也が窓からの景色を絵に描くと、決まって全身が黒い人影を風景のどこかに立たせた。それは一つの時もあり、もっと多い時もあった。

黒い人影の口だけが、ぽっかりと丸く縁取るように描かれている。

炭鉱で死んだ、黒い煤に塗れた囚人が、まるで叫んでいるように私には見えた。

今日も隼也は夕方の時報と共に窓に歩み寄って、外へ手を振る。

その間、私は決して窓の外を見ない。

仮に、樋口さんとしておく。

◆

水浴びの音

私がまだ境崎の借家に家族と暮らしていた頃、和室に布団を並べ、親子四人で眠っていた時期があった。

襖を開けた右端に私が、その左隣に母、その隣に幼児だった弟、一番壁側に父が眠るのが常だった。私の右側には押入れがあり、冬の季節は襖の間から流れ込んでくる冷気に凍えたものだ。

私たち家族が暮らしていた家は借家で、築年数が相当に古かった。壁は土壁で、隙間風も酷い。たまに鼠が出るような家だったが、そんなことは幼い私にとってはどうでも良かった。

この家には、奇妙なものが出た。

ある夏の夜、不意に水の音で目が覚めた。

常夜灯の灯りが、ぼんやりと部屋を照らしている。一瞬、自分が何処にいるのか分からなくなって身体を起こすと、布団で横になって眠っていたらしい。薄暗い部屋、私の隣には母がおり、その向こうには弟が母にくっつくように寝息を立てている。弟の向こう側には、いつの間にか帰ってきた父がごうごうと鼾をかいていた。

家族で寝ていたのに、私だけが目を覚ましてしまったらしかった。再び横になると、天井板の木目が人の顔のように見えて、瞼を固く閉じる。夜になると、どうしようもなく家の中にいるのが恐ろしかった。

急に不安になって、母の布団に潜り込もうとした時だった。

ばしゃっ、と風呂場の方からお湯を被る音がした。飛び散ったお湯が浴室の床、硬いタイルを叩く音がもう一度響いた。

誰かが風呂場にいる。

どうして、という疑問と共に、血の気が引いてくのを感じた。

和室に家族四人で寝ているのに、どうして風呂場で音がするのか。ばしゃり、ばしゃりとお湯を被る音が頭上から聞こえ、ゾッとした。

不意に浴室の戸が開く音がして、足音がこちらへ近づいてきた。咄嗟に固く目を閉じて息を止めた。その瞬間、滑るように頭上の襖が開いて、隣の部屋の明かりが瞼を通して眼に届いた。それは、私の枕元に立っていた。瞼を閉じているのに、それが無言で私のことを注視しているのを生々しく感じた。

今にも叫び出したい衝動を必死に堪える。子供心に泣いてはいけない、と分かっていた。どれほど時間が経っただろうか。

頭上で襖が敷居の上を、するすると閉じていった。襖の向こうで、気配が消えるのを感じて、ようやく息をすることが出来た。あまりの恐ろしさに手足がぶるぶると震えていた。

隠れるように母の布団へ潜り込むと、母が寝苦しそうに唸り声を上げた。

翌朝、誰よりも早く起きた私がトイレへ行くついでに風呂場を覗き込むと、浴槽の水が少し黒く変じていた。誰かが身体を充分に洗わないまま、浴槽に浸かったみたいだった。

煙臭い、煤のような匂いがした。

仮に、有村さんとしておく。

◆

会議室の声

どんな会社にも独自のルールというものがある。

私が以前勤めていた会社では、営業社員は始業開始の一時間前には出勤してトイレを素手で磨かねばならず、真冬でもそれを強要された。あくまで営業だけのルールであり、思う所もあったが、生活を人質に取られていては誰も逆らうことが出来なかった。

五年間働いた後に転職し、今度の職場ではどんなことを強要されるのかと怯えていたが、この会社のルールは私が思っていた以上に奇妙なものだった。

「第二会議室の扉を閉めないこと」

開け放っておくか、ストッパーを必ず挟むことを忘れないように、と。

「とりあえずそれだけ覚えておいてくれたらいい」

長谷山さんは私よりも六つほど年上の指導担当だ。仕事に対しては厳しいが、決して人前で怒鳴りつけたりせず、指示も的確なうえ、進捗状況の確認など余念がない。

「それだけ守ってくれたら、最悪、戸締りを忘れてもいい」

冗談なのだろうが、ともかくルールのことが気になった。

「会議室の扉を閉めると、何かあるんですか」

「よくないことがある。とにかく扉は閉めないよう徹底してくれ。まぁ、変なルールだよな」

長谷山さんは繁忙期でない限り、残業はせず率先して退社するような人物だった。魚釣りが趣味で、帰りがけに会社と目と鼻の先にある三池港へ夜釣りに行くのが日課だという。

彼に限らず、ここの会社はあまり残業を良しとする文化がなく、よほどのことがない限りは早く仕事を切り上げて定時に帰るように言われる。業務時間内に終わるように段取りよく仕事を片づけろ、と。

しかし、私は中途入社でまだまだ覚えなければならないことも多い。どうしても一人で残業することが多かった。それでも遅くとも午後八時には会社を出ることができた。毎日、日を跨いでから家へ帰っていた頃に比べたら、まるで夢のようだ。

件の第二会議室で何度か打ち合わせをしたが、やはり当然のように扉を閉めない。会議中に来客があって会議室の前を通っても、誰も気に留めていないようだった。

しかし、隣の第一会議室は使用中は必ず扉を閉める。やってきて日が浅い私の目には、それはとても奇妙なことのように映った。


会社は福岡県と熊本県の県境にある海沿いの開けた工業地帯だが、近隣に飲食店などがないので、昼食は弁当を持ってくるか、大牟田側に抜けて国道沿いまで出ていくしかない。一緒に営業廻りをする長谷山さんと食事を摂ることが自然と多かった。

「そういえば有村、お前さん地元は？」

大牟田市にある小さな中華料理店で大きな深皿に盛られた酸辣湯麵を啜りながら、長谷山さんが言った。古い店だが、やたらと料理の量が多く、昼時はサラリーマンでごった返す。床が油で滑ることを除けば、この辺りで一番の店だ。

「長洲町です。造船所近くの」

山盛りの酢豚を頬張りながら答える。

「長谷山さんは地元でしたよね」

「そうそう。荒尾の大島の出身。四ツ山を越えた、すぐそこだ」

「それなら実家へ昼飯食べに帰った方が節約になりませんか？」

魚釣りというのは金のかかる趣味のようで、長谷山さんはいつも金欠だとぼやいていた。周囲からも釣りを辞めないと結婚もできないぞ、と笑われる程だ。

「親父が故郷に戻っちまったから、そういう訳にもいかん」

「お父さんの御実家、どちらなんです？」

「長崎。雲仙だよ。もうかなり前になるけど、普賢岳が噴火して酷い有様でな。逃げるように家族で有明海を渡って越してきたんだ」

被災して離れざるを得なかった故郷で老後を過ごしたいという、長谷山さんのお父さんの気持ちはよく分かるような気がした。私も市内で働いて精神を病みそうになっていた時、地元の風景を眺めると随分と心が癒された。

「有村は実家暮らしだっけ」

「いえ、大牟田にアパート借りています。ぼろいですけど」

「実家暮らしの方がお金貯まるだろう」

「いや、それはそうなんですけど。姉貴が子どもと出戻ってきているんで、どうにも居心地が悪くて。すぐに部屋を借りて家を出ました」

長谷山さんは目を丸くしてから、はっはっはっ、と笑った。

「そりゃあ、居づらいわな」

「甥は可愛いんですけどね。どうしても姉貴のことが昔から苦手で」

中央の大皿から、からりと揚がった唐揚げを頬張る。

「そういえば、一つだけ聞いてもいいですか」

「おう。なんでも聞け」

「第二会議室の扉の件です。あれ、何か曰くがあるんですか」

私の問いに、既に昼食を食べ終えて爪楊枝を咥えている長谷山さんが口元を緩めた。

「なんだ。やっぱり気になるか」

「気にならない方がどうかしていますよ。もしかして幽霊でも出るんですか」

どうだろうな、と長谷山さんがはぐらかすように言ったので眉間に皺を寄せると、そうじゃないんだ、と首を横に振った。

「いわゆる幽霊なのかも分からん。あそこの扉を閉めるとな、声がするんだ」

声、と思わず繰り返していた。

「男の声がな、扉を閉めると聞こえてくるんだ。開けておけば何の問題もないんだが、閉めると昼間でも声が響く。なんとかしようと、お祓いをしてもらったけど声は止まなかった。だから仕方なく今もああしているらしい」

妙に生々しい話だと思った。怪談話にしては稚拙だし、大して恐ろしいと感じない。しかし、会社の中で日常として組み込まれているのが薄気味悪かった。非現実的な怪談が、現実と地続きになっている。

「聞いたことあるんですか」

ああ、と頷いた長谷山さんはもう笑っていない。その時のことを思い出したのか。強張ったような顔つきで、どこを見るでもなく視線をテーブルに向けた。

「何かの拍子にドアストッパーが外れたんだろう。ドアが閉まった途端に唸り声がな、会議室の中から聞こえたんだ。咳混じりの声でな。いかにも肺を病んだ人間の咳なんだよ」

くぐもったような、濁った音がするのだと長谷山さんは言った。

「慌てて扉を開けると、途端に声は止んだ。当然、会議室の中には誰もいない。幽霊もいなかった。まぁ、俺には見えなかっただけかも知れんが。ただ、そのまま扉を閉めようとは思えなかった。ストッパーが見つからないから、廊下に積んであった段ボールを間に挟んで、そのまま逃げるようにして帰った」

それだけだ、と事もなげに言うが、表情は固かった。

「気にするな。扉さえ閉めなければいいんだ。なんてことない」

「気にしますよ。ああ、やっぱり聞かなきゃよかった」

「まぁ、この辺りはただでさえ曰くつきだからな」

「炭鉱ですか」

三井三池炭鉱のことなら、それなりに知っている。世界遺産に登録される時にもテレビでよく特集が組まれていた。明治時代から官営で掘られていたが、途中から三井財閥が買い取ったという話で、戦後の経済発展に役立ったが、需要の減少と共に縮小、平成九年に閉山した。

「閉山する前は、ここらも三池炭鉱の敷地だったんだ。埋め立てた港の先があるだろう。あそこにも有明坑といって竪坑があった。俺がガキの頃には、会社の近くにも竪坑があったと思うんだが、正確にどの位置かは知らん」

「粉塵爆発のことなら、特集番組で見ました」

「あれは三川坑だな。大牟田の三井港倶楽部という洋館があるだろう。あそこのすぐ傍だ。五百人くらい亡くなったんだったか。一酸化炭素のせいで千人近い被害が出た」

今も後遺症で苦しんでいる、と長谷山さんは続けた。

「なら、その事故で亡くなった人の霊でしょうか」

怯えた様子の私が面白かったのか、長谷山さんは噴き出して笑った。

「三川坑で亡くなった霊が、わざわざ四ツ山に出るのも変な話だろう。まぁ、三川坑に限らず、三池炭鉱はどこも事故が多かったというからな。四ツ山にも竪坑があったから、そっちかもな」

「そうなんですか」

知っているか、と長谷山さんが声のトーンを落とした。

「明治の頃、三池炭鉱がなんて言われていたか」

「知りません」

「修羅坑だ。入ったら生きて出てこられないからだ。幽霊が出ても何も不思議じゃない」

コップに残った氷を噛み砕いて、空になったコップをテーブルへ戻した。

「気にしてもしょうがない。俺たちはな、そういう街にいるんだよ」

◆

それから暫くは第二会議室にはなるべく近寄らないよう、残業をしなくてもいいようにしていたが、そのうちに自然と忘れてしまった。

とにかく日々の仕事に追われていたし、友人の紹介で知り合った女性との交際も始まっていたので、第二会議室のことはすっかり頭から抜け落ちていた。

どんなに恐ろしい話でも、慣れてしまえば生活の一部のようなもので、気にしなければなんてことはない。他の社員たちのように、いつの間にか私も会議室のルールを自然と受け入れていた。

ある夏の一日、仕事でミスを犯した。幸い、まだ誰かに迷惑をかけるような事態ではなかったが、明日の朝までに片づけてしまわないと会社に損失が出てしまいかねない。そうならないように会社に泊まり込むのを覚悟して、ひとりパソコンに向かっていた。

勿論、長谷山さんには報告した。手伝ってやるとも言って貰えたが、自分のミスに付き合って貰うのは気が引けた。仕事が終わったら彼女と食事へ行く約束だったが、この調子では間に合いそうにない。今夜は会えそうにない、とメールだけして仕事に戻った。

壁にかけた時計の針が、ちょうど午後八時を指していた。黙々とキーボードを叩く音が静まり返ったオフィスに響く。ブラインドを閉めているので、外の様子は分からないが、もうとっくに日が暮れてしまって真っ暗になっている筈だ。

不意に、携帯電話の呼び出し音が大音量で鳴り響いた。着信相手の名前を見て、思わず笑みが溢れた。

「はい。もしもし。うん、ごめん。やっぱり今夜は難しそう。うん、迎えに行けそうもない。え？いや、何時までかかるかなんて見当もつかないよ。朝までコースかな」

彼女の不服そうな声に苦笑してしまう。週末には会えるのに、こうして平日も会いたいと思ってしまうなんて、まるで学生の頃のようだ。

作業を進める為にスピーカー通話に切り替えて、モニターへ視線を移した。

「どうあっても今夜は無理だよ。でも、明日なら」

会えるから、そう言おうとして違和感に気がついた。さっきから彼女が相槌を打たない。

「もしもし？　聞こえてる？」

『ねぇ、なんの音？』

怪訝そうな彼女の声が、少しひび割れていた。

『風の音かしら。もしかして外にいるの？　うるさくて、よく聞こえない』

「電波が悪いのかな。ちょっと待っていて」

席を立って、財布を手に正面玄関の方へと向かう。ついでに自販機で缶コーヒーを買うことに決めた。どうせ長丁場になるのだ。カフェインを摂っておかないと朝まで持たない。

『ちょっと気味が悪いのだけれど。ねぇ、いったいどこにいるの？』

「だから会社だよ。うちの会社、山の裏手にあるからさ。どうしても電波が」

悪いんだ、そう言いかけて、ふと顔をあげた視線の先にある第一、第二会議室の扉が共に閉まっているのが見えた。

「あっ」

拙い、そう思った瞬間、まるで断ち切られるように通話が切れた。

扉の向こうで、ゲホッと誰かが咳をした。くぐもったような咳が三つ、四つと聞こえて、それから苦しげな唸り声が聞こえた。深い洞窟の中を風が吹き抜けたような、虚ろな音が低く響き渡る。

誰が扉を閉めたのか。いつからそうなっていたのか。今更考えてもしょうがないことが次々と脳裏を過ぎった。

呻き声に混じって、罅割れたような言葉が聞こえてきたが、よく聞き取れなかった。どうにも日本語ではないような気がした。

声の主が泣いているのは間違いない。だが、そこには塗り固められたような恨みがあり、憎しみがあった。

ああ、これを怨念というのか。妙に冷静な自分が頭の片隅にいた。

咄嗟にドアノブを握りしめようと近づくと、向こう側で何かが扉にぶつかる激しい音が響いた。

ドン、ドン、ドン、と渾身の力で訴えるように扉を叩き続ける何かに、思わず後退る。暗い部屋に閉じ込められた子どものようだ。ここを開けろ、と訴えていた。

責めるような呻き声に耐えられなくなり、思わず会社を飛び出した。

到底、荷物を取りに戻る気になどなれず、駐車場の車へ逃げ込み、運転席のシートを倒し、仮眠用の薄いタオルを頭から被って固く目を閉じた。一瞬、窓の外に、車を取り囲むように黒い人影のようなものが立っているのが見えたが、気づかないふりをした。

そうして、まんじりともせず朝を待つうちに、いつの間にか眠ってしまっていた。

朝日の眩しさに目を覚ますと、ちょうど夜が明けた所だった。まだ海上の空は夜の色が残っていた。酷く咽喉が乾いて、目の奥が痛む。

もう職場になど戻りたくはなかったが、仕事を放り出したままだ。

車から出て欠伸《あくび》を噛み殺す、

「扉を開けて、ストッパーを噛ませるだけでいい。そうだ。それだけだ」

自分に何度も言い含めて、会社へと戻った。件の会議室へと目をやると、どういう訳か、扉がきちんと開いている。ドアストッパーまでしっかりと挟んであった。

まさか、と思ったが、やはり会社にはまだ誰も出勤した様子はない。

「ああ、もうどうでもいい」

とにかく仕事を終わらせよう。朝日に照らされた白いオフィスの中で、私はともかく資料を完成させようと机へと戻った。

◆

「ご苦労さん。有村、お前今日はもう帰れ。そんな体調で営業なんかしてたら得意先に心配されちまうだろ」

完成した資料を提出した私を見て、出社したばかりの部長はそう言ってくれたが、流石に気が引けた。若輩で新入りの自分ばかり帰って寝る訳にはいかない。

「いえ、大丈夫です」

馬鹿たれ、と短く刈り上げた頭を掻きながら部長が一蹴した。

「大丈夫かどうかは俺が判断するんだよ。お前、今日は別にスケジュールも埋まってないだろ。アポがあれば這ってでも出ろと言うが、やることがないなら体調を戻して来い。顔色が特に悪い」

真っ青だぞ、と言った部長の顔から笑みが消えた。

「有村。帰る前に少しだけ話さないか。第一会議室へ来い」

「はい」

言われるがまま会議室へ入り、ドアを閉める。机の向こうに部長が座り、入り口側に私が腰を下ろした。窓から差し込む朝日が眩いので、一言断ってからブラインドを下げた。

「昨日の晩、聞いただろう」

なんのことか、とは聞かずとも分かった。

「……いつの間にか第二会議室が閉まっていて。でも、誓って俺は閉めていません」

「別にお前さんを責めちゃいない。ただ、俺たちも対応に困っていてな。今まで何人か、人も辞めている。お祓いもしたんだが、効果がなくてな。呼んだ坊主の腕の問題か、そもそもお経じゃ効かないのか」

「部長は、あの声を聞いたことがありますか」

「ああ、何度もある」

平然と答えて、それから困ったように微笑んだ。

「言っておくけど、俺だって怖い。だから仕事が終わったら大急ぎで帰るんだ。社長も専務も同じだ。長谷山みたいに三池港へ釣りに行くような奴の方が珍しい。四ツ山から三池港へ抜ける小さい脇道があるだろ。あそこは昔から出るって有名なんだ。実際、三池争議の時には死人が出ているしな。元を辿れば炭鉱の竪坑があったし、それよか昔、明治の初めには万田坑から逃げ出した囚人が逃げ込んで、あのあたりで斬り殺されたって話まである」

「此処には、前は何があったんですか」

「社宅だよ。四ツ山社宅。三池炭鉱の炭鉱夫とその家族が暮らす社宅があったんだ。昭和三十年くらいにはあったのか？　俺も詳しいことは知らんが、石炭の需要が減っていくうちに取り壊されたんだが、ここいらは元々が工業用地だからな。住宅地として開発はできない。それで、うちみたいな会社が誘致されてあちこちに出来た訳だ。荒尾や大牟田は、そういう元は社宅なんて土地は幾らでもあるぞ。三井グリーンランドがあるだろう。あの辺りも全部そうだ」

「あの唸り声は、なんというか恨みを持っているようでした」

「一説によると海外から騙されて連れて来られた人も住んでいたというからな。そういう怨念が残っていても不思議じゃない。過酷な労働で死んだのは日本人も同じだが、故郷へ帰れずに死んだ人間の思いは強かろうよ」

粉塵爆発事故ではなかった。きっと部長の考えの方が近いように思う。あれは故郷への郷愁もあったのかもしれない。

「ここで、かつて亡くなった人なのでしょうか」

「どうだろうな。お祓いが効かなかったんだ。そういうもんだと付き合っていくしかない。扉を閉めないように心がけておく。まぁ、それでもいつの間にかドアが閉じることがある」

どうしようもない、と言って部長はため息をこぼした。

「他所にも似たような話はあるんだろうが、どこも折り合いをつけてやっているんだろう。だからな、お前も上手くやってくれ。なるべく会社には夜遅くまで残るな」

「……わかりました」

かつて、この場所で異国からやってきた誰かが失意の果てに死んだのかもしれない。炭鉱夫は過酷な仕事だ。怪我人も大勢出ただろう。死者も相当な数がいる筈だ。だが、その膨大な数を私は知らない。文明開花からこの国を支え、戦後は復興の一因となり、やがては世界遺産にもなった巨大な炭鉱。しかし、その影で斃《たお》れていった死者は数字としてさえ正確には数えられてはいなかった。

けれども、時代の流れに忘れ去られたからと言って、存在しなかったことにはならないだろう。やがて語り継ぐ者がいなくなり、歴史を知る者が絶え、遺構が消え去っても、犠牲者がいたという事実は消えない。

「あまり深く考えるなよ。変なものを見たな、くらいの気持ちでいろ。幻聴だ、あんなものは。囚われると碌なことにならん」

部長は吐き捨てるようにそう言い切って、席を立った。

「長谷山に引き継ぎだけして帰れ。分かったな」

「はい。ありがとうございます」

頷いて出ていった部長の背を見送ってから、隣の第二会議室へ目をやる。

脳裏に、古い木造の長屋に布団を敷いた、病みついた男の姿が過ぎった。

仮に、苑田さんとしておく。

潮の満ち引く海

◆

我が家は有明海を望む海岸線に、四世代に渡って住んでいた。

家を建てたのは曾祖父だが、二十年以上前に父が建て直したので家は比較的新しい。曾祖父も祖父も漁師をしていたが、父だけは漁師にならなかった。その理由を幾ら尋ねても、父は貝のように押し黙ったまま口を開こうとしない。不安定な漁師ではなく、堅実な勤め人を選んだのだろうと勝手にそう思っていた。

父は昔から寡黙な男だった。その分、妻や子供を怒鳴るようなこともなかった。私はそれなりにやんちゃな少年期を過ごしていたと思うが、一度も叩かれたり、折檻されたりした記憶がない。悪さをすれば、懇々と問い詰めるように言葉で思い知らされ、最後には泣いて謝るというのが常だった。

そんな父が倒れたという報せを母から聞き、私は出張から戻ったその足で荒尾市の実家へと帰省した。

実家には五年以上も帰っていなかった。

大牟田駅でレンタカーを借りて、ようやく荒尾市に入った時には既に午後を回っていた。市民病院に入院した父の元を尋ねると、すっかり痩せこけてしまっていた。元々、痩せぎすの人ではあったけれど、今回の痩せ方は一目でこれはよくない、と素人の私にさえ分かった。落ち窪んだ眼窩は血の気がなく、太かった腕はすっかり骨張ってしまっている。相変わらず髪はふさふさとしていたが、すっかり白くなっていた。

「老けたな。親父」

「なんだ、来たのか」

病床でゆっくりと瞼を開けた父が、唸るような低い声で言った。私は傍らの籠に荷物を下ろしながら、椅子へ座る。背もたれもない簡素な椅子の座り心地は、お世辞にも良いとは言えなかった。

「なんだよ。思ったより元気そうで安心した。具合はどう？」

「どうもない。……お前、仕事は？」

「休みを取ったよ。有給が溜まっているから、ちょうど良かった」

「そうか。しばらくは休めるのか」

「三日くらいはいるつもり」

「そうか」

むっつりと答えながら、父はあたりを見まわして「母さんは？」と聞いた。

「俺が来た時にはいなかったけど、来ているの？」

「ああ。まだ病院にいる筈だ」

「詳しい話は母さんから聞くよ。親父は横になっていな」

ん、と返事をして父は静かに瞼を閉じた。呼吸は浅く、瞼が細かく痙攣している。思っていたよりもずっと衰弱している様子に動揺せずにはいられなかったが、必死に顔に出さないようにした。

逞しかった父の肉体は、今や骨と皮だけになり果てていた。子どもの頃、自分を軽々と抱き上げていた太い腕も、捕まっていた大きな背中ももう何処にも見つからない。老いた父が、そこにいた。

母を探そうと廊下へ出ると、休憩室の自販機の前にいる母の姿を見つけた。

「母さん」

振り返った母の表情は思っていたよりも明るかった。

「あら、来てくれたの」

「そりゃあ、来るよ」

「驚いたでしょう。お父さん、痩せちゃったから」

「いつから悪いの」

「具合が悪かったのは一昨年くらいからね。でも、急に体重が落ち始めたのは去年の秋くらい。治療もしてきたんだけど、なかなか難しくて」

何も聞かされていなかった。きっと父が私には伝えるなと言ったのだろうが、話して貰いたかった。

「退院する日にアンタが来てくれて助かったわ。一人で何もかもするのは大変なのよ。私は手続きしておくから、お父さんを連れて先に家へ帰っておいて。お父さん、早く家に帰りたいって五月蠅《うるさ》くて」

「……荷物は適当にまとめて持って帰ればいいのかな」

「お父さんだけ連れて行ってくれたなら、それでいいわよ」

母と別れてから病室へ戻ると、父は微睡んでいるようだった。

「親父。退院できるらしいぞ。帰ろうかい」

父は不機嫌そうに眉間に皺を寄せたまま、顔をしかめて身体を起こした。

「ようやっと帰れる。病院は好かん」

「好きな人間なんていないだろ。ほら、俺の車で家まで連れて行くから。歩くのが辛いなら車椅子を借りて来ようか」

いらん、と唸るように言って、棚にかかっている上着を一人で羽織った。

父は肩を貸そうとする私の手も拒んで、いかめしい顔で廊下を進んでいく。きっと容態は酷いのだろう。だが、息子の前で弱音を吐くような人ではない。私は父が泣き言をいっている所を見たことがなかった。

「親父。先に行って車を正面に回してくるからな」

父は痛みを堪えるように歯を噛みしめながら、短く「おう」とだけ応えた。

◆

病院の敷地を出てすぐのことだった。

「俺は海が好きになれんでな。それで漁師にはなれんかった」

溢すように父が告げた。

父が地元の海を嫌っているということは、なんとなしに知っていた。公言することはなかったが、明らかに海に行くことを避けていたからだ。私が家の前の海へ遊びに行くのも子どもの頃は反対していたし、海水浴といえば天草まで下るか、或いは福岡の糸島まで遠出をしていた。

「子どもん頃、仲のいい友だちに清太という奴がおった。セイちゃんって渾名でな。勉強も運動もできる奴やったが、突拍子のないことをする奴で一緒に遊ぶのは苦労した。やれ競馬場に忍び込もうだの、万田坑に潜入しようだの、馬鹿タレやった」

いつになくよく喋る父に驚きながらも、こうして二人で話せることが嬉しかった。

「ああ、競馬場。懐かしいね」

荒尾の代名詞のような場所だったが、もう随分前になくなってしまった。父には内緒だが、俺も子どもの頃に忍び込んで遊んだ覚えがある。

「ある夏に、干潟を渡って雲仙まで行ってみようということになった」

「は？」

有明海は満ち引きの差が激しく、最大で六メートルに達すると言う。干潮時は見渡す限りの潮が引いてなくなり、場所によってはぬかるむことなく進むことができるので、驚くほど先へ歩いて行くことができた。

「渡れると思うか。雲仙まで」

「幾ら干潟でも無理やろう」

子どもの頃に同じような考えを抱いたことはある。でも、途方もなく広い有明海を歩いて渡るような真似をしようとは思わなかった。潮が引いても有明海はなくならない。中央に寄っているだけだ。

「それをやった」

目の前の信号が赤に変わり、車を停止線の上で停める。笑い飛ばしてしまうには父の表情は硬かった。

「馬鹿なガキが五人も集まって、ない知恵絞って考えた。潟スキーで行けるところまで行こう、と。

ブイを紐で縊っておけばいざという時に浮きになる」

潟スキーというのは地元の漁師がぬかるむ場所を進むために籠にスキー板のようなものを取りつけた道具だ。膝を乗せて足で進むと、歩くよりも遥かに早く進むことが出来た。

「なんでん《も》一緒。祭り当日よか、準備をしよる方が楽しかろう。実際、潟スキーを作っている間が一番楽しかった」

　途中までは良かった、と父は言った。

「潮が引き始めたのと同時に出発した。わいわい話しながら、途中で見つけた貝やらを籠に放り入れて。水筒の水を飲みながら進んだ。一時間もせんうちに自分たちが出発した競馬場の裏が小さくなってな。二時間、三時間と経つともう前に進む気力ものうなった。子供の足じゃそう遠くまで進めん。もう帰ろうや、と誰かが言い出してな。俺もそうしようや、と言うたらセイちゃんが怒ってな」

　潮の満ち引きは人が思っている以上に速い、と付け加える。

「足元に小さな波が来たかと思うと、急に水位が上がってきた。慌てて引き返したが、どう考えても子どもの足よか潮の方が速い。帰りの時間を考えとらんやった。急げ急げ、と半泣きで駆けた。真っ直ぐ進んでいたつもりやったとに、斜めに進んでいたようで、今の荒尾漁港の方がよっぽど近かった。ほら、埋め立て地の先にあるやろう」

父の顔は少しも笑っていなかった。強張っていて、今にも卒倒しそうなほど血の気がない。

「潮が腰の辺りまで来てな。あっという間に爪先がつかんごとなった。後はもう必死に泳いだ。ブイにしがみついて、堤防を目指してバタ足よ。ようやく辿り着くと、海水をしこたま吐いてな。暫くは生きた心地がせんかった」

気がけばセイちゃんだけおらんやった、と無感情にそう言った。

「いつからおらんやったのか。辺りを幾ら探しても見つけられんかった。どこにもおらん。一番先頭を進みよったセイちゃんは、帰りは最後尾におったから、波に呑まれたのかもしれん。誰も気づかんかった。大急ぎで町に戻って大人に事情を話した。干潟で遊びよったら友だちがおらんごとなった。……雲仙を目指していたとは言えんかった」

信号が青に変わり、車を発進させながらなんと言えばいいのか分からない。まるで懺悔を聞かされているようだ。

「……その子は見つかった？」

「漁師さんが沖合でうつ伏せに浮いているのを見つけてくだすった。通夜も葬式も、セイちゃんのご両親に酷く詰られてな。当然のことだ。俺も人の親になった時、ご両親の気持ちが痛いほど分かった」

親父の告解は終わった。きっと母も聞かされたことがないだろう。これは父の犯した罪の話だ。

しかし、子どもの時分に何が出来ただろうか。誰が犠牲になっていてもおかしくはなかったのだ。

父は自分を責め続けてきたのだろう。

「そうか。だから親父は海が嫌いなんだな」

助手席側の窓の外に、夕陽の沈んでいく有明海が見えた。

車を家の前に停めて、堤防から夕焼けに染まる干潟を眺める。暮れなずむ風景、海の向こうには多良岳と雲仙の町が見えた。潮の引いた海には、夕陽から伸びた光が絨毯のように真っすぐに伸びている。

慣れ親しんだ故郷の景色だ。

しかし、父はそちらを振り返ろうともせず、顔を背けてそそくさと家の中へと逃れるように消えていった。まるで咎められるのを恐れているように。

◆

夕食を終えると、父はすぐに床についてしまった。母も連日の看護の疲れが出たのか、すぐに横になってそのまま寝てしまった。布団で休むように言ったが、返答がないのでタオルケットだけかけておく。

私はといえば、せっかく帰省したので、少しでもいいので昔馴染みと話がしたかった。仲の良かった友人の殆どが既に地元を離れてしまっているが、それでも故郷に留まり続けている者もいる。思い切って電話をかけてみると、五年程前に南荒尾に家を買ったという。我が家の堤防前を歩いて行けば、ちょうど行き当たる場所だ。

「せっかくだから少し会えないか」

断られるのを覚悟で聞いてみると、すぐ行く、と即答してくれた。もう十五年近く会っていなかったのに、確かな繋がりが残っているのが嬉しい。

「そっちに向かって歩いていくから、お前もこっちに向かってきてくれ。だいたい真ん中あたりで落ち合えるだろう」

台所からツマミになりそうな缶詰を幾つかと、米焼酎の瓶を手に取る。グラスは面倒なのでぐい飲みを二つポケットへ放り込んだ。

妙に心が弾む。まるで学生時代に戻ったようだった。

家を出ると、潮の匂いがした。上げ潮でこれから満ちていく所だ。既に海にはうっすらと波が立っている。

海沿いの道を、ただただ歩いて行く。犬を連れて散歩をしている人や、砂浜で語り合うカップルなど、思っていた以上に人気《ひとけ》がある。今は気候もおだやかで、外歩きには丁度いい季節だ。

そうして暫く進んでいくと、やがて向こうから大柄な男が歩いてきた。もしや、と思って手を振ってみると、向こうも手を振り返した。

ようやくお互いの顔が見えるくらいの距離になり、私は思わず言葉を失った。十五年ぶりに再会した友人はすっかり太って貫禄が出ていた。

「お前、随分と太ったなあ」

思わず口を出た言葉に、友人の隆之は苦笑してみせた。

「開口一番それかよ。敬太も相応に老けてるぞ。それになんだよ、その髭」

普段はなんてことはないのだが、幼馴染に改めて指摘されるとお洒落で伸ばした髭が無性に恥ずかしくなった。

「こういうのが流行っているんだよ。お前こそ幸せ太りじゃないのか」

「おう。めちゃくちゃ太ったぜ」

まるで高校生の頃に戻ったようだった。社会人になってから出来た交友関係とは違う、もっと強い絆のようなものを感じた。

「実家から焼酎を持って来たんだ。浜辺で呑もう」

「俺もそのつもりで日本酒持って来た。本当は家に呼びたかったんだけど、嫁さんが五月蝿くてさ」

「いや、そんな迷惑かけられんて。奥さんにも宜しく伝えといて。また日を改めてご挨拶に伺いますって」

「ああ。それにしても、いきなりの帰省だな。なんかあったのか」

そうなんだ、と言いながら浜辺へと降りていく。柔らかい砂の感触を足の裏に感じながら、適当な場所へ腰を下ろした。

「親父が倒れちまってな。慌てて出張先から戻って帰省したんだけど、今日ちょうど退院してきたとこ」

「そりゃあ、大変だったなあ。親父さん、幾つだっけ。まだ若いだろ」

「若いって言っても還暦は越えているからな。六十七か」

「それもそうか。容態は？」

「芳しくないらしい。お袋の話じゃ、前から悪かったらしいが」

ぐい飲みを手に焼酎を注ごうとするが、暗くて手元がよく見えない。

「とりあえず乾杯しようや」

「そうだな。そうしよう」

お互いにぐい飲みを手に、焼酎を注いだが、案の定かなり溢してしまった。

乾杯、といって生温い焼酎を口にする。

話題は尽きなかった。お互いの近況や、共通の友人の現在や、仕事のことなど。話したい事、聞きたいことは幾らでもあった。

そんな話をしながら酒を呑むから、自然と酔いが回るのも早い。

打ち寄せる波の音の方へ目をやると、夜の海の向こうに雲仙の街の灯りが見えた。親父たちは、本気であそこへ行けると思ったのだろう。

「そういや敬太の親父さんといえば、海が嫌いだったよな」

一瞬、言葉を失った。そんな話をした覚えがなかったからだ。

「俺、そんな話したことあったか？」

隆之は戸惑ったような顔をして、自分が失言したことに気づいたようだった。誤魔化すように曖昧に笑って、酒をぐいと飲んでから暫く沈黙した。

「……有名だったんだ。少なくとも、うちみたいに親父さんの同級生の間じゃ知らない奴はいなかったらしい。ほら、二組に井内って奴がいたのを覚えているか？」

「ああ。いたな。背が高くてさ、中学で野球部に入っていた奴だろ」

ほとんど親交はなかったが、顔と名前くらいは思い出せる。友人を交えて何度か遊んだこともある気がした。

「そうそう。あいつの親父も海が嫌いというか、そうだな。極端に怖がっていたらしくて。運転中に不意に海が見えて、固まっちまった。それでハンドル操作を誤って家族で事故にあったそうだ」

幸い死人はでなかったらしいけど、と付け加えた。

「なんだ、それ」

「退院した井内がよく言っていた。『親父には、死んだ友だちが海に立っているように見えるんだ』って。だから海が恐ろしいんだと」

それを聞いて点と点が繋がったような気がした。井内の父親が、父と共に海へ行った友人の一人なら、父が同じものを見ていたとしても不思議はない。

黒々とした夜の海、その海面に立つ黒い子どもの輪郭が浮かび上がるような気がして、ぞわりと鳥肌が立つ。

恐怖心を誤魔化すように、酒を腹の中へ流し込みながら、父のことを思った。海は好かん、と寡黙だった父は事実、海から逃げたくて仕方がなかったに違いない。井内はたしか高校進学と共に県外へ実家ごと越していったと記憶している。益城町の方だった筈だ。海は遠い。

「親父は海が嫌いなのじゃなく、恐ろしかったのか」

嫌悪と恐怖は似ているようで、全く異なる感情だ。本当に海が嫌いなら、他所の海へ家族を連れて行ったりもしないだろう。父が恐ろしかったのは、かつて友人を見殺しにしてしまった、この故郷の海なのだ。

私は一瞬、隆之に父のことを話そうとして、やめた。寡黙な父が、かつての自分が犯した罪を懺悔するのに、どれほどの勇気がいっただろう。それは例え友人であっても、軽々に話すべきではないと思った。

「海で死んだ友だちか。俺たちも散々干潟で泥塗れになって遊んだけど、あんまり泳ごうとは思わなかったものなあ」

「肥沃ではあるけど、透明な海じゃないからな」

子どもの頃は天草の海のように澄んだ海に憧れを抱いたものだ。

「悲しいけど、海に拘らず、夏は水場でよく子どもが死ぬからな。俺たちが小学校の時にもプールで溺れて亡くなった子や、菊池川で亡くなった子がいただろ」

そうだな、と相槌を打ちながら、ふと思う。そうした子どもたちは、はたして一人で遊んでいたのだろうか。いや、きっと誰かと遊んでいただろう。友だちか或いは親と共に。彼らは死んだ子どもを見るのだろうか。あまりそうした話は聞いたことがない。

「罪の意識なんじゃないのか」

隆之がそう言って、今度は自分の持って来た日本酒をぐい飲みに注ぎ始めた。

「友だちを失くした子どもが、罪の意識からそうしたものを見てもおかしくはないだろ。トラウマだ。海を見たくない気持ちは理解できるさ」

「……そうかもな」

幽霊が存在するとは、とても思えない。親父たちが子供時代の罪悪感から死者のイメージを共有しているという方が余程説得力があった。

潮の香りが鼻腔をくすぐる。

海で死んだ、全ての生き物の匂いだ。

無慈悲に寄せては返す波の音だけが、夜の海に響いていた。

◆

翌日、昼を回っても父は一向に目を覚まさなかった。

母と二人で何度か声をかけたが、瞼を開けたと思うと、また閉じてしまう。昔から気に入って愛用していた藍染の作務衣に身を包み、布団で横になる父の顔色は悪かった。血の気が失せて、青白くさえ見える。青黒く変色した注射痕は見ているだけで痛々しかった。

ようやく目を覚ましたのは午後二時で、億劫そうに身体を起こそうとする父に肩を貸してトイレへと連れて行った。父の体重は驚くほど軽く、手も足も枝のように細くなっていたことに酷く動揺した。

「腹が減ったな。出前でも頼もうか」

母を呼んで、父はあれこれと指示を出した。近所の老舗のラーメン屋に出前を頼み、自分の分は麺を抜くように頼んでいた。

「懐かしかろう」

私も母もとっくに昼食は摂っていたが、父に付き合うことにした。病人がラーメンを食べても良いのだろうかとも思ったが、そんなことに気をかける段階にはもうないのだろう。

父を介護用ベッドへとまた連れて行き、その間に母には家事をして貰うことにした。病人特有の匂いがする父は、何度か咳をしながら辛そうだったが、身体を横にしたまま眠ろうとしない。

「昨日の話、覚えとるか」

「ああ。覚えているよ」

「あの時、一緒に海へ行った友だちのマサヤンがな。一昨年、海で死んだらしい」

痰が絡んだくぐもった声で、父は続けた。

「知ったのは半年ほど前になるか」

「どうして」

「入水自殺だなんだと言われとるが、原因はよく分からん。持病があった訳でもない。普段から海には近づかんようにしよったらしいが、台風の晩に一人で出かけて波に拐《さら》われたらしい」

「他の人は？」

わからん、と父は投げ出すようにそう続けた。

「疎遠になったまま会おうともせんかった。会えば必ずあの日の話になる。でもな、今更になって思うことがある。生き残った四人で墓参りに行くぐらいはすべきだった。親に伴われて行くのでなく、自分たちだけで。その機会は何度もあった。作ろうとさえすれば。同じ町に暮らしとるのに、どれほどの苦労がある。結局、目を背けたまま、気づけばこんな歳になってしもうた」

「墓参りに行きたいんやったら、付き合うよ」

「そんなことはせんでいい。お前も由里子も関係ない。ただ、お前は俺んごとなるなよ」

逃げるな、と父は渾身の力を込めて私の手を握り締めた。残る力を振り絞るように私に伝えようとしていた。

「向き合うことを恐れとると、俺たちゃんごと死ぬまで逃げ続ける羽目になるぞ」

分かったな、と言葉を繰り返す父に私は頷くことしか出来なかった。

結局、父は出前が来る前に再び眠りについてしまい、私と母が二度目の昼食を摂らねばならなくなってしまった。しかし、懐かしい幼少期の思い出の味はやはり食べ飽きない美味しさで、ぺろりと平らげた。

夕刻。

母が買い物に出かけてくると言う。私が父を診ている間、母はずっと家の中をあれこれ動き回っていたが、ようやく夕飯の買い物に出かけられると言った。

「夕飯だけど唐揚げでいい？　アンタ、まだ1キロくらい食べるでしょう」

母の中で、私はまだ家にいた頃の年齢で止まっている節があった。

「もう中年に差し掛かる息子が、そんなに食える訳ないだろ。揚げ物でなくていいよ。鍋とかにしようよ。なんなら米と刺身だけでもいい」

「せっかくだから馬刺し買って帰るわ。お父さんも好きだしね。鍋は適当に」

いってきます、と母が眠っている父へ声をかけて出かけて行った。母は昔から父よりも丈夫で、自転車で何処へでも出かけて行く。寡黙な父とは対照的に、あれこれとよく喋る。

不意に、午後五時を報せる時報の音が町に響いた。

「懐かしいな。この音を聞くと家へ飛んで帰っていたっけ」

家の前の干潟で遊ぶことが多かったので、家に入る前に母親に泥だらけになった身体をホースの水で乱暴に洗われたが、それさえも楽しかった。裸に剥かれて、きゃあきゃあ、と笑い転げた在りし日が懐かしい。

「夕暮れが見たいな」

ひとりごちて立ちあがろうとした私の手を、父が掴んでいた。

「連れていけ」

「親父は寝ていろよ。身体を起こすのもきついだろ」

よか、とにべもない。海を見るのが恐ろしい筈なのに、どうして突然そんなことを言うのか。

しかし、昼間の会話を思い出すと、少しだけ父の気持ちがわかるような気がした。

「眺めるだけだ。身体が冷える前に家に戻るからな」

ベッドから降りた父の震える手を取って、玄関へ向かい、サンダルを履かせて再び手を引いて表へ出ると、目の前に夕暮れに染まる有明海が見えた。砂浜へ降りると、潮の引いた干潟がよく見える。夕日の向こうに見えるのは雲仙、太良岳だ。

父はもう怯えていなかった。目を背けることもなく、真っ直ぐに海を見ていた。

「見ゆるか?」

父がそう言って、沖合を指差した。その先へ視線を投げて、私は言葉を失った。

遠い沖合、揺れる水面の上に、一人の子どもが立っていた。眩い西陽を背にして立つ彼の顔は逆光で見えない。あんな場所に、子どもがいる筈がなかった。

「あの日からずっと、海の上に立つセイちゃんが見ゆる。あげんして手を振るでんなく、ただ立ち尽くして、恨みがましくこっちを見よる。誰も付いてこんけぇ、怒っとるのかもしらん」

海で亡くなった子どもの遺体は見つかって親の元へと帰ってきた。それなのに、魂だけがまだ干潟の海を彷徨っているだなんてことがあるだろうか。まるで夕方になっても家へ帰ろうとせず、遊びたがる子どものようだ。

「ごめんなあ。許しちゃくれんだろうなあ」

嗚咽混じりの父の声に、夕日を背に立つ影が、蜃気楼のように揺らいで見えた。

◆

それから半月ほどして、とうとう父が亡くなった。

自宅へ往診に来てくれていた医師と母に看取られて逝ったという。

父の危篤を聞いて急いで出張先から飛行機に飛び乗ったが、結局父の死には間に合うことができなかった。

ようやく実家へ辿り着いた私が目にしたのは、海から家へと点々と続く泥のついた小さな子どもの足跡だった。干潟から裸足のまま上がってきた子どもが、そのまま家の敷地へと真っ直ぐにやってきて、家の玄関へ向かったようだった。

その足跡を呆然と眺めながら、視界の端に家から出ていく足跡を見つけた。振り返った先、貝殻混じりの砂浜には小さな足跡と、それを追いかけるように大人の大きな足跡が海へと続いていた。

父は連れていかれたのか。

それとも、あの日の続きをしにいったのか。

夕刻を知らせる時報が鳴る。

沖合へ視線を向けることが、私にはどうしてもできなかった。

仮に、北野さんとしておく。

箪笥の煤

◆

増永にある母方の祖母の家に、古い箪笥があった。

比較的小さな桐箪笥で、子どもの背丈ほどの大きさしかない。それをどういう理由があるのか、床の間に置いて崇めるようにしていた。朝と晩に祖母は箪笥に向かって念仏を唱え、それから仏壇へ向かう。

箪笥には決して触れないように、と父は私たち兄弟に厳しく言いつけていた。生家である筈なのに、母は仏間に入るのさえ嫌がった。二つ下の弟も似たような風だったが、少し様子が違っていた。

「木が燃える音がするよ。焚き火の時みたいな匂いもする」

だから仏間は怖い、と怯えた様子で話した。

帰省する度に、どうして桐箪笥に手を合わせるのか、不思議でしょうがなかった。

お盆に帰省していた時に一度だけ、祖母に尋ねたことがあった。仏壇に挨拶をして、父と弟の手を引いて母が居間へ去っていったのを見届けてから、箪笥の埃を払う祖母にそっと近づいた。

「箪笥の中には、いったい何が入っているの?」

祖母は少しだけ困った顔をして、それから「開けてごらん」と言った。母を二十歳で産んだという祖母はお婆ちゃんと呼ぶにはまだ若々しく、ふとした拍子に少し老けた母のように見えることがあった。

「でも、一人でいるときに触っては駄目よ。――祟るから」

祟る、と祖母ははっきりと言った。ぶるり、と背筋が恐怖で震えた。

「いい。やめる」

怖気づいた私を見て、祖母は温和に微笑んで頭を撫でた。祖母からはいつも線香の匂いがした。

「嘘よ。煤がついて黒くなってしまうから、触ってはいけないの。有ちゃんなら分かるでしょう？」

そう言って指の腹で箪笥の表面を撫でると、指が真っ黒になっていた。

「いつか煤がつかなくなったなら、きっと箪笥も開くようになるわ」

指についた煤を擦るように指先で拭いて、祖母は箪笥に向かって合掌した。私は何も考えず、ただ祖母に倣って隣に正座し、手を合わせた。

床の間のそれが、酷く恐ろしいもののように見えた。

◆

祖母は私が大学生の時に病で亡くなり、それから十年後に父も母も肺の病で亡くなった。両親に兄妹はおらず、親類縁者は弟だけになってしまった。

私が喪主になり、弟と二人でどうにか両親を送り出した。小さな家族葬だったが、それでも寺の住職が来て経が上がり、火葬が終わると、ようやく弔うことが出来たように思えた。

「兄貴には悪いけど、俺は地元に戻ってくるつもりはないよ」

弟は大学から関東を拠点にしていていたので、就職した今もこちらに戻ってくる予定はないという。二年前に結婚し、妻の未希さんは妊娠したばかりだった。当然の選択だ。

両親の暮らしていた家は借家だったので遺品は整理し、遺骨は祖母の家へ持っていくしかなかった。四十九日に両親の遺骨を納骨堂に納め、仏壇は私が守ることに決めた。

自然の成り行きで、祖母の家は私が継ぐことになった。

会社から程近いワンルームを解約し、平屋の一戸建てに引っ越すことに抵抗がなかった訳ではない。通勤時間は二倍以上も増えたし、近所には歓楽街の一つもない。おまけに地元でもないので、近隣との人付き合いもどうして良いか分からなかった。

どこへ行っても、近所の人の目が気になった。余所者を見る瞳を向けられる度に逃げるように立ち去った。ここにいるべきではない、そう言われているような気がして。

家賃がかからないことだけが救いだが、固定資産税がかかるので全く負担がない訳ではない。ただでさえ古い家だ。台風が来れば雨漏りするし、隣の家に庭木の枝葉が伸びないよう剪定してやる必要もある。

中でも和室の傷みは激しく、天井板に染みが滲み、畳の縁にすぐ黒黴が湧いてしまう。

それに酷く煤臭かった。

そのため、掃き出し窓を開けて、換気をしながら和室の掃除をするのが日課になった。件の桐箪笥を拭くと布がすぐに黒く汚れてしまうので、何度も雑巾を洗い、硬く絞って繰り返し拭いていく。掃除を終えたら仏壇を拭きあげるが、こちらは殆ど汚れがつかなかった。

どうして、この箪笥はこれほど汚れているのだろうか。見た目は綺麗に見えるのに、指で触れただけで煤のような汚れが付いてしまう。

こんな家に祖母は一人で暮らしていたのか。そう思うと、もっと頻繁に帰るべきだったと思わずにはおれない。

仏壇に線香をあげ、りんを鳴らして合掌する。

ゲホ、と咳がこぼれた。ここへ越してきてから、妙に咳が多い。ハウスダストか、カビのせいだろうか。ともかく家の換気に気をつけるしかない。

雑巾を絞ったバケツの水を換えようと立ち上がった時だった。視界の端、僅かに開いた桐箪笥の下から二段目の引き出しから、浅黒く細い指をした手が伸びているのが見えた。

ハッとなりながらも、そちらを見ることが出来ない。凍りついたように身体が動かなかった。金縛り、という言葉が脳裏を過ぎる。指先ひとつ動かすことができない私を他所に、箪笥の引き出しが少しずつ開いていく。ずるり、と痩せこけて赤黒い痣の浮かんだ腕が現れたかと思うと、その指先が畳の上を苦しげに掻いた。

五本の欠けてひび割れた爪が、畳を掻く音が耳に響く。

悲鳴をあげることも出来ず、私は箪笥から伸びた腕が畳を引っ掻くのを見ていることしかできなかった。爪が畳を掻く度に、躙《にじ》り寄るように腕がこちらへと近づいてくる。

来るな、と念じながら必死に手足を動かそうともがく。

不意に、呼び鈴が鳴った。その瞬間、支えを失った身体が均衡を崩して転びそうになるのを堪えて箪笥へと振り返ると、引き出しがそろそろと閉じていく所だった。

とん。

そっと引き出しが閉じる音がした。

冷や汗が背筋を伝っていくのを感じた。

玄関の方から「ごめんください」と声がする。

「はい。すぐ行きます」

首にかけたタオルで汗を拭いながら玄関へ向かい、土間へ降りて戸を引くと、小柄で痩せぎすの中年女性が立っていた。

「金子と申します。あの、回覧板です」

「丁寧にありがとうございます」

回覧板を受け取り、慇懃にそう言ってから戸を閉めようとすると、金子さんが「あの」と声を上げた。

「はい」

「その、不躾にこんなことを言うのも何なのですが、悦子さんにお線香をあげさせていただけないでしょうか」

悦子は祖母の名前だった。

「失礼ですが、祖母とはどのような関係で?」

「悦子さんの教え子です。習字教室の」

そういえば祖母は体の自由が効かなくなるまで、自宅に生徒を招いて習字教室を開いていた。帰省するのはいつも盆や正月だったので、実際に目にしたことはなかったが、写真でどんな様子だったのかは知っている。

「ありがとうございます。どうぞ、祖母も喜びます」

おどおどした様子で、何だか酷く怯えているように見えた。気が弱いのか、男が一人で暮らしている家に上がるのが恐ろしいのか。あるいは、その両方かもしれなかった。

金子さんを仏間へ連れていくと、青ざめた顔で床の間にある桐箪笥を見やってから、さっと顔を逸らし、仏壇の前の座布団へと腰を下ろした。

焼香して手を合わせて礼拝する金子さんの横顔は、やはり怯えているようだった。

「ありがとうございました。胸の支えが取れたように思います。ずっと気掛かりでいたので」

「初めていらして下さったんですね」

「本当は、その、もっと早くに伺うつもりだったんです。それこそ先生が亡くなって、通夜があったのも知っていました。近所ですから。成人してもう子供もいるのに、どうしても恐ろしくて顔を出すことができなかった」

目を伏せながら、金子さんは怯えているようだった。やはり自身の背後にある桐箪笥を怖がっていた。

「金子さん。もし良かったら、祖母の話を聞かせて頂けないでしょうか」

「それは」

言い淀む理由はよく分かっている。

「坂の下に甘味処がありましたよね。そちらでお話を聞かせて頂けませんか。この辺りに知り合いもいないので、もし良かったら色々と教えて頂けたなら助かります」

金子さんは安堵した様子で頷くと、すぐさま立ち上がって廊下へと出た。彼女の後に続きながら、よほど恐ろしい目に遭ったことがあるのだろうな、と思わずにはおれなかった。

財布だけを手に表へ出ると、僅かに雨が降っていた。まだ昼前だと言うのに随分と暗い。玄関の土間にある壺を利用した花立から取り出したビニール傘は、長いこと使っていなかったせいか、癒着したように張り付いてしまっていた。

金子さんは傘を肩に預けて、胸に手を当てて深く息を吐いている所だった。

「気を使わせてしまってすいません」

「いえ、こちらの方こそ無理を言って申し訳ありませんでした。改めまして。北野有一と言います」

「ご丁寧にありがとうございます。金子鈴です。家は、すぐそこなのですが」

金子さんが指差したのは、道を挟んだ斜め向かいの古い家だった。

なだらかな坂道を降りて行った先にある甘味処へ入り、禁煙席へと案内してもらう。金子さんがお汁粉を頼み、私も同じものを注文した。

「この度は、ご愁傷様でした」

「ああ、お気遣いありがとうございます。金子さん、あの桐箪笥のことについて何かご存知ありませんか？」

　金子さんは少し困った顔をして、それから左手の薬指に嵌った指輪を撫でた。

「習字教室に通っていた子どもたちの間でも、あの仏間は恐ろしいと噂になっていました。先生も仏間には入っていけない、と厳しく仰っていたので中へ入ったことはありません。せいぜい襖を開けて、中の様子を窺うくらいで」

　今も怖いんです、と金子さんは力なく笑う。

「私も幼い頃から祖母に桐箪笥には触るな、と言われていました。今は私が祖母の代わりに掃除をしているんですが、いくら拭いても煤が付くんです」

「その煤が良くないのだと思います。子供の頃、やんちゃな男の子が先生の言いつけを無視して仏間の中へ入ってしまったことがありました。そして、箪笥の引き出しを開けたんです」

「本当ですか。私も何度か引き出しを開けようとしたことがあるんですが、どうしても開かなかった」

「開けなくて良かったのだと思います。その子は、引き出しの中にあるものを見て悲鳴をあげていました。叫び声をあげて先生の家を飛び出して、それきり習字教室を辞めてしまった。学校にも来なくなって、彼と同じクラスの子から、肺の病気になったのだと聞きました。半年ほどして、空気の綺麗な南阿蘇の方へ引っ越したそうです」

肺の病。

祖父母も、両親も肺の病で亡くなった。

「高校への進学と共に教室は辞めてしまいましたが、先生とはよく顔を合わせていました。結婚が決まった時にも報告に伺ったりして。でも、どうしても家へ上がるのは恐ろしくて」

怖いんです、と金子さんは俯いたまま溢すように続けた。

「あの時の恐怖に歪む顔が、今も頭にこびりついて離れないんです。こんなことを言うのは憚られるのですが、あれはなにか悪いもののような気がするんです」

悪いもの。それは邪悪という意味だろうか。

「どうして祖母は、そんなものを床の間に置いているのでしょう」

「わかりません。先生はただ仏間には入るな、と。祟られてしまうから、と仰っていました」

「処分した方が良いのでしょうか」

「そう思います。でも、先生はそうなさらなかった。何か理由があったのかも知れません」

祟りをもたらすようなものを、どうして家へ置いたままにしていたのか。

母は何か知っていたのだろうか。知った上で、放置していたのか。鬼籍に入った今となっては、もう確かめる術もない。

引き出しから現れた手。あれの正体を、その少年は見たのだろうか。

◆

弟が帰省したのは、両親の一周忌の時だった。親戚がいないので、兄弟二人だけの小さな法要になってしまったが、それでもやることに意味があるのだと思う。

自宅で法要を済ませ、居間で弟に桐箪笥の話をすると露骨に嫌そうに顔を歪めた。

「桐箪笥の祟りだっていうのか」

弟は暫く見ない間に顎髭を生やして、すっかり貫禄がついていた。

「可能性の話だ。そうかも知れないというだけ」

「捨てちまえばいいだろう。あんなものを取っておいてどうなる」

「それはそうなんだが。お前、あの箪笥について母さんから何か聞いたことはないか」

どうだったかな、と言いながら弟はコップに瓶ビールの中身を注いでいく。

「母さんは仏間に入るのも嫌がっていたのは覚えているけど」

「それはお前も同じだろ」

「気味が悪かったんだよ。あの箪笥、たまに変な音を出すだろう。呻くような音がしてさ」

「ああ、木が燃える音がするって言ってたやつか？」

「いま思えば、木材が湿度で収縮していたんだろう。家鳴りみたいなもんだよ。でも、あれが当時はとにかく恐ろしかった。苦しげというか、恨みを持った人間の唸り声のように聞こえて堪らなかった。あと匂いだな」

「……焚き火の匂いか」

「ああ、煤けた匂いがするんだよ。燃え滓のようなさ。箪笥の何処かに火が点いているんじゃないか、と思っていたくらいだ」

「そうか」

「それにしても、今日来てくれていた坊さんも箪笥については何も言わなかったな。普通、桐箪笥が床の間にあったら不思議に思うだろうに」

「慣れているんだろ。うちの菩提寺だからな」

それもそうか、と弟が笑って、茹でた枝豆を口に放り込んで笑う。

「いや、それこそ菩提寺なら何か知っているんじゃないのか」

「確かにそうかも知れないな。過去帳も寺に預けているというし、檀家のことなら詳しいだろう。ああ、聞いておけば良かった」

よし、と膝を叩いて弟が立ち上がる。顔が僅かに赤いが、足取りはしっかりしていた。

「歩いていけない距離じゃないだろう。出かけよう」

「今から行くのか」

「俺も次はいつこっちに戻れるか分からないからな。事情さえ聞いておけば今後の見通しも立つだろう。いつまでも、あのままにしておくつもりか?」

弟の言う通りかも知れない。臭い物に蓋をして見て見ぬふりをし続けるのも限界がある。手がかりでも見つかれば僥倖だ。

「寺を訪ねてみるか」

「最後に行ったのは何年前だ? ちっとも思い出せねぇ」

喪服の上着を手に家を後にした。二人でこうして歩き回るのも懐かしい。子どもの頃、盆に帰省すると海パンにシャツを着て、ゴーグルとバケツを手に海へ遊びに行った。有明海は干潟の海だ。干満の差が激しく、干潮になると水が完全に引いてしまう。満潮なら海水浴、干潮なら潮干狩りをした。あさりや赤貝、蛤を掘って祖母の家へ戻ると、母が喜んで酒蒸しにしてくれた。父はそれで一杯やるのが好きだった。

白い漆喰の塀で囲まれた寺を訪ねてみると、本堂の前を掃き掃除している住職を見つけた。

「先ほどは、ありがとうございました」

二人で頭を下げると、高齢の住職は特に驚いた様子もなく、静かに頷いてみせた。

「どうかなさいましたか」

「いえ。実は少しお伺いしたいことがありまして」

「そうですか。立ち話もなんですから、どうぞ本堂へ参りましょう」

本堂は真新しく建て替えられていた。

記憶の中の本堂はもっと小さかったが、夏休みの宿題をしに近所の子供たちが大勢集まっていた。地元の子供ではなかった私と弟は、その中に入ることがどうしても出来ずにいたが、その時、何度もおいでと手招きしてくれたのが、この住職だった。

「本当にご立派になられた。悦子さんも喜んでいらっしゃるでしょう」

先ほど、家へ訪ねてきた時と一言一句変わらない言葉を紡いで、住職は本堂の床へ腰を下ろした。板の間は冷たく、住職の背後にある仏像の瞳が静かに私たち兄弟を眺めていた。

「単刀直入にお伺いしたいのですが、うちの仏間にある箪笥について何かご存知ありませんか」

弟が口火を切った。こういう時、弟は深く物事を考えない。あれこれ考えた挙句、結局何も口に出せない私などとは大違いだ。

「ああ、存じておりますよ」

住職はこともなげに言って、ええと、と何かを思い出そうとしていた。

「あれは悦子さんのお父上、圭造さんが焼け野原から拾って来たそうです」

祖母の父、つまりは曽祖父のことか。

「焼け野原というと、戦争ですか。荒尾も空襲があったんですね」

「大牟田の市街地から四ツ山町の辺りには、ほら、三池炭鉱やら化学工場がありましたから。それと今の有明高校がある辺り。あの一帯には軍の火薬工場があったんですが、そこいらも空襲で軒並み焼かれましてね。そこで圭造さんが奇跡的に焼け残った、あの小さな桐箪笥を担いで帰ったそうですよ」

「それって火事場泥棒ですよね」

「そうですな。しかし、あの時代は本当に物がなくて。生きていく為には仕方がなかったのかも知れません。ただ、盗んだものが悪かった。うちへ桐箪笥を持ってきて、供養して欲しいと仰る。しかし先代はそれを断ったそうです」

「どうしてですか」

「私たちは坊主ですから。霊能者ではありません。死んだ人間を見たこともありませんし、そうしたものを持ち込まれても期待に応えられるかどうか。亡くなった方の為に経を読むことは出来ますが、それだけです。霊を祓ったりすることはできません」

「見えないのですか」

「ええ。見えませんよ。そもそも仏教に幽霊はおりません。皆、死後は六道のいずれかへ輪廻しますから。しかし、圭造さんは尚も食い下がり、ならばお焚き上げして欲しいと」

「燃やす、ということですか」

「有体に言えば、そうなります。しかし、燃えなかった」

「火がつかなかったのではなくて?」

「はい。炎に幾ら包まれても一向に燃えず、煙一つ上がらなかったとか」

よほどの恨みがある、と先代の住職は言ったという。

「手に負えない。家で代々に亘って供養するしかない。そういう話になったそうです。ただ、圭造さんはそれから暫くして肺を病んで亡くなりました。北野さんの家系は、肺を病む人が多くなったそうです」

煤と煙の匂いの所以《ゆえん》がわかったような気がした。まだあの桐箪笥は、炎の中で焼かれ続けているのかも知れない。

「箪笥の中に、何かが入っているようなのですが、引き出しが開かないのです。どうしたら良いでしょうか」

「開けぬ方が良いでしょうな。そのままにしておく方が良いでしょう。悦子さんがなさっていたように拭きあげ、手を合わせて冥福を祈る。他にできることはありません」

祖母の言葉が脳裏を過った。

『いつか煤がつかなくなったなら、箪笥も開くようになる』

酷く奇妙な感じがした。

「あの家を手放せば助かりますかね？」

弟の質問に、老いた住職は静かに首を横に振った。

「分かりません。ただ、同じことを考えた人もいらっしゃったでしょう。悦子さんのお兄さんは若い頃に家を飛び出して、そのまま行方知れずになったとか」

ふ、と疑問が泡のように浮かび上がった。

曽祖父は焼け野原で拾って来たというが、本当にそうなのだろうか。空襲のどさくさに紛れて、何処かの家から盗んできたものではないのか。あの立派な桐箪笥が嫁入り道具のように見えるのは、私だけだろうか。

「弔い続けるしかないのでしょう」

住職はそう言って、おもむろに手を合わせて礼拝した。

◆

件の箪笥は、まだ我が家の仏間の床の間にある。

まだ相変わらず煤が湧き、弟が言っていた呻き声のようなものが聞こえることもあるが、この家を離れるつもりはなかった。

祖父母と両親の菩提を弔いながら、私はこの家で歳を取っていくだろう。

しかし、以前とは少し違うこともある。

時折、仏間を覗くと、ひとりでに箪笥の引き出しが開いていることがあった。

それでも私は見ない。

また暫くすると、引き出しは閉じているからだ。

私のことを誘っているのかも知れない。

最近、思うことがある。
もしかすると、皆、引き出しの中のものを目にしたのではないか、と。
その所為で肺を病み、咳を繰り返し、血を吐いて死んだ。

いずれは私も、その後をなぞるように死ぬのだろうか。

ヤマから響く声

仮に、平野さんとしておく。

◆

仕事を終えると、珍しく父から電話の着信が入っていた。

ロッカーで制服から私服へと着替えながら、心当たりを考えてみたが思い当たる節がない。父はあまり普段から連絡を寄越してくる人ではないので、何かがあったのだろう。母はつい先日電話で話したばかりだが、いつも通りよく喋って元気そうだった。

「平野ちゃん。お疲れ様」

出口の老齢の守衛さんに声をかけられ、にこやかに頭を下げる。二十代も後半にもなって、ちゃん付けされるのは気恥ずかしいが、この会社では私が飛び抜けて若い。一番の歳の近い事務員の女性も五十代で、昨年初孫が生まれたというから自分だけが異質なのだ。

「お疲れ様です」

職場を出て自宅への帰路を歩きながら、父へ電話を折り返した。記憶が正しければ、こうして話すのは年始に帰省して以来のことだ。数回呼び出し音が淡々と続いてから通話が繋がった。

『もしもし』

「もしもし。お父さん？」

『円香。久しぶりだな。元気か』

うん、と返事をしながらなるべく街灯の多い道を進んでいく。人通りは多いが、サンロード新市街のアーケードを通って帰るのが一番安心できた。会社からそこまでの道も決して暗いという訳ではないが、やはり人通りは少ないのでこうして電話をしていると少しだけ気が紛れた。

『すまんな。仕事中だったろう』

「気にしないで。それよりも、どうかしたの？」

『一応、話しておこうと思ってな。宮内にある志津子の家を取り壊すことに決めた。お前、叔母さんには懐いていただろう』

志津子さんは父の妹に当たる人物で、生涯独身を貫いた女性だった。男尊女卑の激しい親戚の間では酷く貶されていたが、私は優しくも厳しい叔母に憧れていた。思春期に母と喧嘩をする度に荒尾行きの電車に飛び乗って、宮内にある叔母の元へ避難していた。彼女はいつも私の味方でいてくれた。

「あの家、借家じゃなかったの？」

『もうかなり前に志津子が買い取ったんだ。当時、大家さんが高齢で入院して、その際に娘さんと話し合って土地ごと購入したらしい』

「知らなかった。お父さんが相続していたんだ」

『手入れが行き届いた家だったからな。借り手がつけば家賃収入になると踏んだが、これがなかなか難しくてな。いっそ更地にして売ってしまえば買い手がつくと不動産屋に勧められたんだ』

叔母は丁寧な暮らしを心がける人だった。身の回りに置いているものは、どれもこだわりの品ばかりで、調理道具一つとっても長く愛用できる逸品を揃えていた。無垢材の床や家財にオイルを塗って手入れをし、おやつには季節の果物を入れたタルトを焼いてくれた。私が貿易会社に勤めようと決めたのも、叔母の影響によるものが大きかった。

「相続したのはお父さんなんだから、お父さんが好きにすればいいと思う。でも、一つだけお願いしてもいい？」

　相続したい、という思いがない訳ではないが、熊本市まで荒尾から毎朝通勤するのは現実的ではないし、今の会社を辞めようとも思えない。地縁のない土地で、独り暮らしていけるほど私は強くなかった。それでも、何か掬い取れるものがあるのなら、叔母との縁を手元に残しておきたい。

「遺品が欲しいの。叔母さんの使っていた調理道具か、家財を幾つか。勿論、お父さんが良ければだけど」

『このまま骨董店に投げ売りしてしまうのもどうかと思っていたんだ。お前が引き取るのなら、あいつも喜ぶ。お前のことを自慢の姪だと周囲にも話していたそうだからな。解体業者が入るのは月末だ。今週末にでも一緒に行こう』

「ありがとう。また詳しくはメールして」

『あまり無理をするなよ。母さんも心配している』

「うん。お母さんにも宜しく伝えて。……お母さんは叔母さんの家には来ないんでしょう？」

「ああ。来ないだろうな」

　母と叔母は不仲だった。面と向かって罵り合ったり、揉めている所は見たことがなかったが、お互いのことを可能な限り無視しているのは子供心に分かっていた。ただ叔母は母について一切何も陰口を言わなかったが、母は違っていた。父に不満を漏らしているのを聞くのが不快だった。

その一因は、間違いなく私にあった。

『お前が気に病む必要はない』

父は慰めるように言って、それから電話を切った。

アーケードの中は、すっかりクリスマスの飾り付けで煌びやかだ。私には生憎、恋人がいないが、意中の相手がいる人にとっては一大行事に違いない。

そういえば、叔母はクリスマスを祝わない人だった。クリスチャンではないから、と淡々と理由を言った後に、でもサンタクロースは別だと言った。子どもの頃にいつもプレゼントが二つ届いていた理由を、私はこの時に初めて知った。

大晦日には必ず、手作りのおせちを作っていた。大きな重箱に詰めるのではなく、自分と来客が摘める程度の二、三品を作ってセンスのいい角皿に飾って出していたのを思い出す。黒豆と海老の艶煮、栗きんとん、彩りには紅白の蒲鉾を飾り切りにしていた。

験担ぎよ、と叔母はおせちを欠かさなかった。門松も必ず門前に飾り、歳神を招いた。

対して、母はそうした行事を毛嫌いしていた。七五三もしなくていい、と言って父と揉めたと聞いている。当然、おせちを食べる習慣もなければ、門松もしめ縄も飾らない。それなのにクリスマスや七夕などのイベントには力を入れていた。特にバレンタインは娘の私などよりも力を入れていて、クラスの男子に配るように大量のチョコを持たせようとするのが苦痛だった。私は異性にそういうものを渡したことがないし、渡したいとも思わなかった。クラスメイトの前で不躾に告白してくる男子が嫌いだったし、同調圧力で付き合えと無責任なことを言うクラスメイトも好きになれなかった。

きっと母は、もっと煌びやかな娘が欲しかったのだ。

「はぁ」

思わずため息が溢れた。マフラーを口元で巻き直して家路を急ぐ。今週末に休みが確実に取れるように、明日からは仕事を少し詰めていく必要がある。

◆

週末。土曜日の朝に父がアパートの前まで迎えにやってきてくれた。フォルクスワーゲンの白いビートルがゆっくりと目の前で止まる。父は一台の車を自分でメンテナンスしながら大切に乗り続ける人だった。愛着が湧くので、なかなか車が買い替えられないと言う。

「おはよう。ありがとう、お父さん」

助手席に乗り込んでシートベルトをつける。半年ぶりに再会した父は自宅で見るよりも溌剌として見えた。

「おはよう。円香、朝食はもう食べたか？」

「珈琲とシリアルだけよ。お父さんは？」

「同じようなものだ。せっかくだから荒尾で少し早めの昼食を食べようか」

「ええ」

行こうか、と上機嫌にそう言って父が車を発進させた。こうして父と二人きりで出かけるのは一体何年ぶりだろうか。子供の頃はよく一緒にあちこちに出かけたものだが、いつの間にか父と二人で出かけることは無くなってしまった。きっと私が部活を始めてからだろう。反抗期で父と揉めた記憶は殆どない。代わりに、母親とはほとんど毎日なんらかの理由で喧嘩ばかりしていた。

「荒尾までどれくらい？」

「熊本インターから高速道路に乗ったら一時間と少しって所だな。寝ていてもいいぞ」

「寝ないわ。勿体ない。せっかくの休みなんだから」

「仕事はどうだ。もう四年くらいになるのか」

「別に。普通よ」

「円香は優秀だからな」

そんなことはない、と思う。営業の人のように毎月ノルマを課される訳でもないし、数字について詰められたりすることもない。ミスをしないように、マニュアル通りで仕事をすればいいだけだ。優秀と言えるような仕事は何もしていない。ただ淡々と同じことを繰り返しているだけ。

「お父さんこそもう定年でしょう？　老後はどうするの？」

「どうしようか。趣味に生きるのもいいが、生憎《あいにく》趣味らしい趣味もないからなあ。母さんとのんびり暮らすつもりだけど、もう少し何処かで働くのもいいかもしれない」

そう言って父は曖昧に笑った。

父と母は不仲ではないが、母は昔から父が家にいるのを嫌がる節があった。これは母の一方的なもので、父は母の理想の夫像からかけ離れているのだという。娘の私からすれば、優しくて思いやりのある父のような男性は夫として理想的だと思うのだが、母はそれを退屈なのだという。口ぐせのように、つまらない男だと罵《ののし》ることが嫌で仕方がなかった。何様のつもりなのか、そう反論して母と口論になった。こういう争いが思春期の頃から母とは絶えなかった。

「お父さんの人生なんだから、お父さんの好きにしたらいいと思う」

「ありがとう。円香も自分の好きなことをしなさい」

「ええ。そのつもり。お母さんはそう思っていないみたいだけど」

「……また何か言われたのか」

「少しだけね」

少しではなかった。父と叔母の家へ行くことを知った母が電話を寄越したのは三日前のことだった。開口一番に『やめなさい』ときっぱりと言われた。『欲しいものがあるのなら買ってあげる。死人の家に行くなんて不吉だとは思わないの。死人の持っていたものを使うなんて信じられない』そのようなことをのべつまくなしに言われて、辟易してしまった。きっと父を問い詰めて聞き出したのだろう。母は昔から家族の動向を根掘り葉掘り聞きたがる悪癖があった。どこで、いつ、何を、どうしてするのかと事細かに聞いてくる。心配しているのはわかるが、私はもう子供ではないし、仮に子供時代であってもプライバシーはある。

その話題の次は結婚の話だった。付き合っている人はいるのか。初産の年齢が重要だの何だの。近所の誰それは何歳で結婚しただのと聞いてもいないことを一方的に捲し立てる。

私は母に努めて冷静に「放っておいて」と伝えるのだが、母は涙ぐんだ声でヒステリックに私を責めた。どうして言うことを聞かないの、あなたの幸せを考えているのに、と。

母は、私が叔母の言うことを何でも聞いているように見えたらしい。だが、叔母は私にああしろ、こうしろと言ったことはなかった。彼女は私に助言や指示をしたことはない。ただいつも私の話を聞いてくれて、最後には必ず「自分で考えて答えを出しなさい」と言った。私もそうすべきだと思ったし、そうして生きてきた。ただ、それは母が導きたい方向とはまるで違っていたのだ。

「お父さんは気にしなくていい。娘と母親は同じ女だからこそ、色々あるの」

「そうか。すまんな」

我ながらずるいな、と思う。こんな言い方をすれば異性である父は口出しできない。それが分かっていて、わざとこんな言い方をしたのだ。

「そんなことより、家を取り壊すって言っていたけど、庭の井戸はどうするの？」

「井戸？」

そんなものがあったか、と父は首を傾げた。

「庭木の奥にあったでしょう。ほら、小さな祠のある」

「ああ、そういえば祠があったな。あのコンクリートの蓋みたいなものが載っていたものは、井戸だったのか」

「蓋？　蓋なんてあったかしら」

手入れの行き届いた叔母の家の庭に、ポツンとあった小さな井戸。飲み水としては使えない、と叔母から聞かされていたが、庭木に撒く水として使っていたのをよく覚えている。井戸の水量も申し分なかった。

「蓋をしたのなら、井戸の水が枯れたのかもしれないな」

「でも、叔母さんが井戸に蓋をしてしまうのは、井戸が息をすることができなくなるから良くないことだと話をしていたわ。よく覚えている。井戸は埋める時には作法があるって。それに祠があるのなら、きちんとしないといけないいんじゃないかしら」

「魂抜きをするんだったか？　専門の人に相談してみないといけないな」

そういえば叔母は庭の祠に榊《さかき》を挿し、塩と水、お米を小皿に入れてあげていた。深々と頭を下げて手を合わせていたのを覚えている。

「祠だと言うのなら、志津子が何らかの神様を祀っていたんだろうな」

「井戸の神様かしら」

叔母は信心深い方だったろうか。神棚はあったが、質素なものだった。むしろ祠の方が規模は大きく立派なものだったように思う。

「あいつは昔から少し変わった子どもだったからな」

「そうなの？」

「ああ。ほら、死んだ婆さんの家が大牟田にあったろう。お前の爺さんが炭鉱夫をしていたから、俺たち家族も小学生の低学年までは社宅に住んでいたんだ。その頃、『家の外に黒い人がいる』ってよく泣き出してな。誰もいないって言うのに、いるって聞かなくて。遊んでいても、誰もいない部屋の隅をじっと眺めたりして。当時は理解できなかったが、もしかすると霊感があったのかもしれないなあ」

「なに、その黒い人って」

「真っ黒い人が、大牟田や荒尾のあちこちに立っていると言っていた。まぁ、小学校の高学年になる頃には、そんなことはもう言わなくなったが。案外、ずっと見えていたのかもしれないな」

「お父さんは見たことがあるの？」

ないよ、と父は困ったように笑った。

「どうして見えないのって泣きながら責められたことがあったな。でも、見えないんだ。本当に。あいつが必死に指差す方を見ても、なにもいない。なにも見えないんだ。『私、おかしいのかな』って。愕然としていた、あいつの顔を今でも思い出す」

黒い人。

昔、祖父の持っていたアルバムを見せて貰ったことがあった。炭鉱の竪坑から出てきたばかりの男たち。全身が煤で真っ黒になっていて、目と笑って見せた歯だけが白くて浮いているように見えたのを思い出した。

「お爺さんも真っ黒で帰ってきてたの？」

「いや。むしろ真っ白だったぞ。竪坑から出たら、全員大浴槽で爪先まで綺麗に身体を洗いあげるんだ。ノリの利いた白いシャツに袖を通して、ニコニコして帰ってきていたのを子どもながらに覚えているよ」

「炭鉱ってお化けとか出ないの？」

「どうだろうな。爺さんから聞いたことはないなあ。少なくともヤマには出なかったんじゃやないか」

「ヤマ？」

「ああ。炭鉱の地下の採掘場をヤマと呼ぶんだ。元々は山を削って掘っていた名残りだろう。海の底まで坑道が延びても、やはりそこはヤマなのだろうな」

地の底にあるのに、ヤマというのは少し不思議だ。地上にあるべきものが、地下にひっくり返ってしまったような、そんな違和感。繋がらなくてもよいものまで、混じってしまいそうな気がして少し恐ろしい。

「どうして炭鉱夫を辞めたの？」

私の記憶にある祖父は大牟田の会社で事務職をしていた。私が幼稚園の頃に定年退職して、そのお祝いを何処かのお寿司屋さんでやったのを覚えている。

「辞めたんじゃなくて、辞めさせられたんだ。別に落ち度があった訳じゃない。国の方策転換があって炭鉱産業そのものが下火になったんだ。早期退職者が募られた時に、すぐに申し出たと聞いた」

そのお陰で同じグループ会社に転職できた、と父は続けた。

「まぁ、その直後に労働者側と会社側で大きな争いが起こった訳だが、親父はもう辞めていたからな。社宅も出ていたし詳しくは知らない」

「なんなんだろう。その黒い人って」

酷く不吉な感じがした。叔母が懸命に手を合わせていた、あの祠と何か関係があるような気がしてならない。あの頃、井戸に関することで何か言われたような気がするのだが、どうしても思い出すことが出来なかった。

「幽霊か、その類か。少なくとも、あいつはそう思っていたようだが」

結局なんなのかわからない、と父はぼそりと溢すようにそう言って、車をほんの少しだけ加速させた。

◆

南関インターへ差し掛かる頃には、鈍い鉛色の空から雨が降り始めていた。

「本格的に降り出しそうだな。先に家の整理を済ませるか」

父の意見に賛成だ。荒尾は昔から一度雨が降ると、雨足が酷く激しいことがあった。叔母の家で、まるでバケツの水をひっくり返したような雨を何度も見てきた。

インターを降りてすぐに荒尾方面へと向かう。暫く山間の田園風景を進んでいくと、見覚えのある観覧車が視界に入った。幼い頃に家族と何度もやってきた遊園地だった。週末ということもあり、駐車場には多くの車が停まっている。

「今の荒尾の中心地はこの辺りだな」

「昔は違ったの？」

「荒尾駅の辺りが栄えていたんだ。飲食店やコンビニもあってな。まぁ、あの頃の大牟田の賑わいに比べたらなんてことはないが」

父には悪いが、私にはまるで想像がつかない。幼い頃に出かけた大牟田市は既に閑散としていて、商店街のアーケードもほとんどシャッター通りだった。子供心にいかがわしい店が多いな、というのが素直な感想で、夜は今も煌びやかなのかもしれない。

大牟田へと続く国道の途中、見覚えのある整骨院の向かいを右折し、閑散とした住宅街を進んでいく。

「懐かしい」

叔母に連れられて、あちこちに散歩に出かけた気がする。同い年くらいの子供たちと遊んだ公園や、消防署の近くにあったラーメン屋さんもまだあるのだろうか。

叔母の家は、夾竹桃の見事な生垣が目印だった。小ぶりで愛らしい桃色の花が咲き誇っている。

車をガレージへ停めてから、改めて正面から眺めると、叔母という主人を亡くした家はいつになく仄暗く見えた。鬱蒼と生い茂った庭木を見て、彼女がどれほどこまめに剪定して手入れをしていたかが窺い知れた。

「ああ、こんな所にあったのか。これが例の井戸か」

庭の奥へと進んだ父が腕を組みながら、訝しげに井戸を眺めている。

石組の小さな井戸を封じるように、分厚いコンクリート製の蓋がしっかりと上から乗せられていた。どこかの業者に頼んだのだろうが、ここまでして井戸に蓋をするくらいならば、いっそ埋めてしまえば良かったのに。

「井戸を埋める費用を見積もって貰わなきゃならんな」

叔母にはガーデニングの趣味があった。丁寧に敷き詰められた煉瓦のブロック、ブリキのコンテナに寄せ植えされた花々。どれもが主を亡くし、少しずつくすんでいる。手入れされることのない庭は、やがて花は枯れ落ちて、鬱蒼とした草木に呑み込まれてしまうのだろう。

「雨が強くなってきたな。とりあえず家の中へ入ろう」

「ええ」

父が鍵を開けて家の中へ上がると、ふわりとバニラの香りがした。古い家なのに中が明るく見えるのは、窓が多いからだろう。腰窓が廊下のあちこちにあり、廊下の掃き出し窓も外光を効率よく家の中に導いていた。無垢材の床に触れると、小さな傷を見つけた。椿油を塗布する叔母を手伝おうとして、瓶を落として割ってしまった時のものだ。

「懐かしい」

「それにしても物が少ないな」

「うちの家が異常に物が多いのよ」

母は雑貨屋が好きだった。気に入った小物を見つけると、すぐに買ってきて家具の上やテーブルの上へ飾りつける。そして、そのまま忘れてしまう。埃に塗れて、汚れてしまってもそのままだ。母にとって整理整頓は、捨てずにどこか見えない場所へ隠してしまうこと。そのせいで本当に大切なものが何処へ行ったのか、分からなくなってしまうことがよくあった。

「円香の部屋が片付いているのは、志津子の影響だったか」

「お母さんのことを見ていたら、自然とそうなっただけよ」

叔母の形見を貰いにやってきたが、この状況を叔母が見たらなんと言うだろうか。

「円香はゆっくり見ているといい。私は近所の方々にご挨拶に行ってくる」

着いて行こうかとも思ったが、娘がいたら話しにくいこともあるかも知れない。

「わかった」

「じゃあ、行ってくる」

「ねぇ」

玄関の戸を開け、出て行こうとする父の背中に声をかける。

「叔母さんってどうして亡くなったの？　病死？」

通夜にも葬儀にも出たが、唐突に叔母を失ったことの方が辛くて、死因を聞いたことがなかった。

「言わなかったか？　心筋梗塞だ」

「病院で亡くなったんじゃないの？」

首を横に振って、父が雨に煙る庭を指差す。

「そこの庭で倒れているのを、近所の方が見つけて下さったんだ。その時は辛うじて意識があったそうだが、搬送されている途中で息を引き取った」

庭に植えられた車輪梅《しゃりんばい》の白い花が風雨に揺れていた。その傍らに倒れ伏す叔母の姿を想像して、ぶるり、と背筋が震えた。

「何かあれば電話しなさい」

言い聞かせるように言って、父が出て行った。

雨の音が勢いを増したような気がした。


叔母の家にある物は、どれ一つとして手入れをされていない物がなかった。きっと壁にかけられた棚ひとつ取っても、あちこちを見て回って決めたのだろう。家具の殆どが無垢材で、特に胡桃材が多いように感じられた。モケットグリーンのツーシーターのソファ、磨り硝子《すがらす》の入った角の丸い食器棚、ダイニングの窓辺には丸いテーブルがあり、一対の椅子があった。一人で食事をするには少し広めだが、二人で食事をするのには丁度いい。ここで叔母と食事をした。二人で言葉少なに料理を作り、庭を眺めながら食事を摂った。

会話がなくとも自然体でいられた。しかし、どうしてそれを実の母親と出来ないのかと苦悩することもあった。

きっと死の間際まで手入れをしていたのだろう。丸いテーブルの表面はしっとりとしていて、汚れ一つ付いていない。

椅子に腰を下ろして、ぼんやりと雨の降る庭を眺める。

どれくらいそうしていただろう。ぎし、と背後で床の軋む音がした。何気なく振り返ると、廊下を何かがさっと通り過ぎた。淡い色のワンピースの裾が視界の端に流れるように映る。息を呑んで、なるべく音を出さないように椅子を立つ。

淡いカーキー色のワンピースには見覚えがあった。叔母がこの季節によく着ていたもので、あれに藍染のエプロンを合わせて台所へ立つのを好んでいた。

叔母だ。

脳裏を棺桶の中に横たわる、青白い最期の姿が過ぎった。祖父母よりも遥に強烈な喪失感を覚えた、叔母の死。姉のような、親友のような存在を永遠に失ったのだと思って涙が止まらなかった、あの夜。

「叔母さん」

思わず声を上げてしまった。

目の錯覚にしては、あまりにもくっきりと見えた。

雨が屋根や窓を叩く音が、さらに激しさを増したようだった。

「なんの音」

風雨の音に混じって、低い唸り声のようなものが聞こえてくる。一つではない。もっと沢山の、大勢の声が窓を小刻みに震わせていた。

窓をそっと開けると、吹き込んできた風でレースが大きく翻って暴れ狂う。全身を叩きつける雨に思わず目を細めると、庭木の向こうに黒い人影のようなものが立っているのが見えた。それらは井戸のある辺りに集まって、俯きがちに塞がった井戸を凝視している。

唸り声は井戸の中、地の底から響いてくるようだった。

黒い人が四人、井戸の傍らに立ち尽くしている。

ぐい、と背後から急に肩を引かれた。尻餅をつくように、後ろにあった椅子へ腰を下ろす。呆然と顔を上げると、いつの間にか開けた筈の窓が閉まっていた。

肩に食い込んだ生々しい指の感触。姿など一瞬も見ていないのに、肩を引いたのは叔母だと分かった。

見てはいけない。

あの井戸に立つ黒い人を見てはいけなかったのだ。

窓に背を向けて、叔母が通り過ぎていった廊下の先へ進むと、彼女の書斎兼寝室がある。そこはいつも鍵がかけられていて、幼い頃以外には入ったことがなかったが、ドアが僅かに開いていた。

そっとドアを開けて中を覗くと、壁一面に本棚が設けられていて、蔵書がぎっしりと詰まっていた。国内文学が多く、その次に海外文学が目立つ。ベッドのサイドボードには叔母が愛用していた眼鏡が置いたままになっていた。

窓の近くには可愛らしい小さな机があり、僅かに埃が積もっている。

ドサッ、と背後で本が床に落ちる音がして、思わず悲鳴をあげそうになった。恐る恐る振返ると、一冊の本が無垢の床に落ちている。私は拾うのを暫く躊躇っていたが、結局はそれを手に取らずにはいられなかった。それは叔母のつけていた日記のようで、簡単な一日の感想が書き綴られている。

淡々とした短く簡潔な文章が、いかにも叔母らしかった。

ペラペラとページをめくっていくと、気になる文章が目に入る。

『井戸の声が次第に大きくなってゆく』

どきり、とした。

『呻き声が止まない。祠を設けて奉じてみても、もう意味がないのかもしれない。やはり潰してしまうべきか』

叔母は庭の井戸を潰そうとしていた。だが、そうはしなかった。いや、出来なかったのかもしれない。

頁を指でめくる。暫く他愛のない、日常が綴られていた。次に井戸の文字が出てきたのは、叔母の死んだ日にちのおよそ一月前の頃だった。

『井戸に蓋をすべきではなかった。日に日に声が大きくなってゆく』

後悔を綴る内容。そこから先は毎日のように井戸にまつわる記述が増えた。

『庭に黒い人が立つようになってしまった。やはり彼らは井戸を見ている。声に引き寄せられたのかもしれない』

『黒い影が二つに増えた』

『蓋をしたことで、中のものが出られなくなったのかもしれない。ここから出せと恨んでいるのか』

『井戸は潰してしまうべきだった。しかし、どうして井戸なのだろうか。あの井戸に何か曰くがあるとは思えない』

『大勢の何かが爪で蓋を引っ掻く音がする。今夜も眠られそうにない』

『庭に立つ影が三つに増えた。今後もっと増えるだろう』

淡々としながらも、異変に怯えている叔母の様子が手に取るように分かった。

『今日、呼び鈴が鳴って玄関へ向かうと、黒い影が立っていた。居留守を使ってやり過ごしたが、いつあれらと庭で鉢合わせるのかと思うと、恐ろしくてたまらない』

『他所の家を訪ねたら、どうなるのだろうか。早く井戸を埋めてしまわないと。あの子が家を訪ねてくる前に』

頁をめくる指が止まる。あの子、とはきっと私のことだ。叔母が亡くなる少し前、盆休みに一度顔を出すから、と話していた。結局、その前に叔母は亡くなってしまった。

そうして頁をめくると、それ以降の記述はない。

不意に、呼び鈴が鳴った。

背筋が粟立つのを感じた。日記を閉じてから本棚へ戻して、唾を飲み込む。

廊下から顔を出して玄関の方へ視線を投げると、玄関の曇り硝子の入った格子戸の向こうに、滲むような輪郭の黒い人影が佇んでいる。

口の中が乾涸びていき、悲鳴さえ出てこない。胸の奥に重苦しいものが広がって、手足が痺れていく。硝子戸を隔てているのに、まるでこちらの様子を覗かれているような気がした。

雨風が窓を叩く音が、私を急かすように響く。

視線を逸らさないまま、携帯電話を取り出して父へ電話をかけた。今、父が戻ってきてしまえば鉢合わせしてしまう。それだけは避けなければならなかった。

『はい。もしもし。円香か』

後ろで年配の女性たちの笑い声が聞こえる。

『すまんな。ご挨拶に伺ったら上がらせて頂いたものだから。もう戻る』

「違うの。まだ戻らないで。いいの。まだ時間がかかりそうだし、雨も酷くなっているから。こっちは大丈夫」

玄関の鍵はかけていない。戸を引いて家の中へ入ってくるだろうか。あれが入ってきたなら、きっと私は死ぬだろう。死なずとも、酷く不吉なことが起こるような気がする。

『一人で不安だろう』

「私は一人でも平気だから」

『円香。お前は一人でも平気だというが、一人が好きという訳ではないだろう。……お前は志津子とは違う。本当に大丈夫なのか？』

「ええ。ありがとう、お父さん。でも本当に大丈夫だから」

普段はそれほど感じないが、やはり父の中の私はまだ幼い子どものままなのだろう。学生の頃なら鬱陶しいと感じただろうが、この歳になると少しだけ微笑ましく思えた。

『分かった。何か良さそうなものは見つかったか？』

「うん。それじゃあ、また後でね」

電話を切ってから、目の前の人影を睨みつける。見ようとすればするほど、輪郭がくっきりとしていくようだった。黒い人影のようだったものが、酷く汚れてやつれた男に見える。全身が黒く汚れているのに対して、両目の部分だけが白い。黒い部分のあちこちが赤く汚れている。

それはまるで血のように見えた。

玄関の方から煤けた匂いが漂ってくる。

叔母は庭で、これと鉢合わせしたのだろう。そうして斃《たお》れた。

いずれ井戸の蓋を開けるか。或いは埋めるかしなければならない。だが、ともかく今をどう乗り切るかが問題だ。

この雨が上がれば、あれも消えていなくなるだろうか。ああは言ったが、父がいつ戻ってくるか想像がつかない。

その時だった。黒い人の背後を誰かが音もなく横切っていった。そちらに関心を移したようにそれが玄関から離れて、庭の方へと彷徨うようについていくのが硝子越しに見える。一瞬、垣間見えた人影には見覚えがあった。

ビシッと固く重いもの同士がぶつかる、鈍い音が庭に響いた。

私は台所の方へ回って庭へと目をやったが、忽然とあの黒い人影が消えている。

「叔母さん」

玄関の戸を開くと、雨足が少しだけ弱くなっているような気がした。傘もささないまま靴も履かずに庭へ飛び出した私を押し留めるように、風が激しく頬を叩く。

鬱蒼と生い茂った庭木の奥にある井戸へと近づいていくと、分厚いコンクリートの蓋に亀裂が走っていた。端の方にできた僅かな隙間から、闇を塗り固めたような穴が見えたが、すぐに視線を逸らす。

大勢の人間の唸り声が、井戸の底から低く響いていた。井戸の底、水の湧き出る場所よりも遙かに深い場所に縦横に走る坑道がある筈だ。出入口を封鎖され、行き場をなくしたよくないモノが地上へと滲み出て、こうして井戸から溢れているような気がした。

これは見てはいけないものだ。耳を傾けてもいけない。ないものとして扱わねばならない。そうでなければ、障りがあるのだ。

叔母の家は建て壊して、井戸も潰してしまうべきだ。更地にして、何もかもをなかったことにした方がいい。恐ろしいのなら、関わってはいけない。

井戸に背を向けた瞬間、敷地の外に悄然とした様子の叔母の背中が見えた。しかし、瞬きをすると霧のように姿を消してしまった。

家の中へ戻りながら、おそらくもう二度と彼女の姿をこの家で見ることはないように思えた。心残りがあったのか。私たちが来るのを待っていてくれたのか。あるいは、他に私たちには想像もつかない理由があったのかもしれない。

考えるべきではない。

家に入ろうとして、恐怖に悲鳴をあげそうになった。

玄関の前には、煤で汚れた人の足跡がたくさん残っていた。

雨はまだ当分、止みそうにない。

あとがき

熊本県荒尾市。

今回、怪談小説を執筆する機会を得て、一番初めに頭に浮かんだのは故郷のことだった。この時は別に何か話の当てがあった訳ではない。ただなんとなく、そうすべきだと感じて、私は自分が十八になるまで暮らした故郷へと取材に出かけた。

まえがきでも述べたが、私の育った故郷は炭鉱と競馬場で栄えた町だ。有明海の干潟で泥に塗れて遊び、幼馴染たちと夕暮れを眺めて幼少期を過ごした。

熊本県の北端、福岡県との県境に面していた為に、子どもでも自転車に跨がれば簡単に県を越えることができた。

隣接する大牟田市には三池炭鉱があり、繁華街があった。小さな百貨店もあり、駅の周囲にはたくさんの店が軒を連ねていたが、すでに街は縮小の一途を辿っており、大牟田の商店街はすっかりシャッター通りになっていた。開いている店を探す方が難しく、百貨店も稼働していないフロアがあり、酷く寂しげだったのを幼心に覚えている。

私たちの親よりも少し上の世代、昭和二十年頃に生まれた者がまだ子どもだった頃、今とは比べ物にならないほど二つの街は賑わっていたという。四ツ山の祭りにはサーカスがやってきて、大勢の人が国道を埋め尽くしていたらしい。

しかし、私たちの世代は、かつての街の賑わいを知らない。国を支えたという炭鉱の活気も、数えきれない程の人でごった返していたという通りも想像がつかない。これから長く続く低迷した景気の入り口にいたのだ。

小学生の高学年になる頃には炭鉱の閉山が決まり、クラスメイトが次々と転校していった。父親を炭坑夫に持つ彼らの多くは、筑豊の炭鉱から流れてきた人々だった。しかし、彼らを迎え入れる炭鉱はもう他所にもない。

中学に上がって間もなく三池炭鉱は長い歴史に幕を閉じた。授業中に発破されて倒壊した竪《たて》坑櫓《こうやぐら》を放課後に見に行くと、それは巨大な骸が無惨に転がっているように見えた。

幸いなことに、私は大学で学びを得ることができた。学科は歴史学である。

日常を過ごしているとつい忘れがちになるが、どんな土地にも歴史がある。その時代時代を生きてきた人々の営み。その積み重ねの上で私たちは生活を送っている。そこにどんな無情な結末があったとしても、知らなければないものと同じだ。

なので、敢えてその「ない」部分を掘り起こすことに決めた。声なき声に耳を傾け、あるかもしれないものを探す所から始めねばならなかった。

しかし、怪談の蒐集は思いの外、難しかったと言わざるを得ない。

こんなことを書くのは偲びないが、三池炭鉱の歴史を紐解けば凄惨な事故や、労働者と財閥との争いのことが露わとなる。当然、そうした事故や事件がある場所では自然と怪談が生まれ、語り継がれていくものだが、今回に関してはそれが驚くほど少なかったのだ。共通認識としての怪談はほぼ何ひとつ見つけられず、どれもが個人の経験談となっている。

しかし、それについては納得できるものがあった。

私は故郷を十八で離れたが、それまで粉塵爆発事故や三井争議の話などは殆ど聞いたことがなかった。知らなかったのだ。

実際に経験したであろう年寄りも近所に沢山住んでいたが、そういう話は殆ど聞かされずに育った。これは偏に後世に語り継ぐべきではないと判断したからだろう。

聞かれたら答えるが、自分からは語らない。

それは炭鉱が街にもたらしたのは、栄華ばかりではなかったことを、その土地に住まう皆が知っていたからだろう。犠牲になった人々がいつの時代にも大勢いた。今もなお苦しんでいる人々がいる。だからこそ、軽々には語ることはできなかった。

結果的に、犠牲となった人々の存在を子ども世代は知らずに育ち、かつての栄華だけが今なお遺産として存在し続けている。その是非を問うつもりはない。

少なくとも、次世代の私たちは親世代の抱いた憎しみを受け継いでいない。

その一方で、友人の祖父が三池炭鉱のことを『恥ずべき負の遺産』と溢すように話していたのを今になって思い出す。

私は鬼の話を書いたが、果たして、鬼とは誰のことだったのだろう。

最後になってしまったが、作中に登場する人物たちの名は全て仮名であり、土地は実際のそれとは意図的に異なる地名で書いている。

ただし、件の慰霊碑は勝立の丘に実在する。

令和六年一月十五日

嗣人

四ツ山鬼談

2024年4月5日　初版第一刷発行
2024年8月25日　初版第二刷発行

著者　嗣人
装画　fracoco
装幀　坂野公一＋吉田友美（welle design）
本文デザイン・DTP　小林こうじ

発行所　株式会社 竹書房
〒102-0075　東京都千代田区三番町8-1　三番町東急ビル6F
email：info@takeshobo.co.jp
https：//www.takeshobo.co.jp
印刷所　中央精版印刷株式会社
